Cuando tu madre tiene trastorno límite de personalidad

Cómo sanar las heridas de la infancia, construir la autoestima y terminar con el sufrimiento

Linsy B.

Exención de responsabilidad

Las recomendaciones y estrategias incluidas en este libro pueden no ser apropiadas para todas las situaciones. Ni el autor ni el editor de esta obra pueden ser considerados responsables de los resultados adquiridos de las recomendaciones contenidas en este libro.

Dedicatoria

Dedico esta obra a Oje y Sem, sin cuya ayuda este libro no habría visto la luz.

Contenidos esperados

Introducción

Solo las personas que crecieron en un hogar sin amor y cargado en forma constante de abuso físico y verbal pueden decir lo que se siente el haber sido criado por una madre que sufre de trastorno límite de la personalidad (TLP).

Si bien es cierto que hay muchas razones por las cuales un niño puede tener una relación poco saludable con su madre, una explicación posible es que hayas vivido con una madre que sufría de trastorno límite de la personalidad.

Los adultos que fueron criados por una madre con TLP tienen muchas dificultades para mantener relaciones estables.

Es difícil, es realmente muy difícil vivir con una madre con TLP, porque este trastorno de personalidad tiene un patrón rígido de pensamiento y un comportamiento poco saludable y anormal, caracterizado por una inestabilidad crónica del estado de ánimo, el comportamiento, las relaciones y la imagen personal.

Los niños criados por una madre con TLP se pierden la relación sana, estable y amorosa que tienen los niños con sus madres. Estos niños al crecer desarrollan una variedad amplia de problemas emocionales que les dificultan funcionar de manera adecuada en la sociedad, aun cuando hayan alcanzado la edad adulta.

En la adultez, estos niños tienen que luchar contra la baja autoestima, la ira o la depresión y los problemas de aprendizaje. Si eres uno de esos niños y te has preguntado qué puede haber pasado, qué salió mal, y si tienes la culpa de todo eso, entonces, este libro tiene las respuestas adecuadas para ti y también todo lo que puedes hacer para superarlo.

Este libro te mostrará qué angustiante puede ser la vida de un niño criado por una madre con TLP. La inestabilidad emocional, las autolesiones y los intentos de suicidio pueden ser realmente agotadores y devastadores para el bienestar emocional del niño y hacerlo sentir perdido, indefenso y solo. Encuentran que tienen que vivir sus vidas como si caminaran sobre carbón encendido, planeando evitar cuál será el próximo ataque de furia inevitable y sin ser capaces de predecir cuál será el próximo disparador que desatará la furia de su madre.

Este libro te ayudará a reconocer que tú, el hijo de un hogar de estas características, no tienes la culpa de la conducta de tu madre y te ayudará a curar alguna de tus heridas.

También incluye un cuaderno de ejercicios que te ayudará en el proceso de sanación.

Capítulo 1

Introducción

Ningún niño merece experimentar lo que tienen que soportar los niños que tienen padres con trastorno límite de la personalidad (TLP), en especial los que sufren en manos de una madre que padece este síndrome. Estos niños viven una vida de abuso crónico, son víctima de ataques de furia y de torturas. Por eso, tienen tendencia a tener la autoestima baja, un comportamiento antisocial y depresión. Por lo general se los asocia con mal carácter, ataques de furia, cambios frecuentes en el estado de ánimo, inestabilidad emocional, impulsividad y enojo. Si al menos uno de tus padres tiene este trastorno, entonces sabes que la vida puede ser un infierno.

Entonces, imagina que suena tu teléfono y es tu madre, quien te hace sentir ansioso primero y culpable poco después. Este es el trauma que tienen que atravesar los hijos de madres que tienen TLP. Los hijos de padres con TLP viven una vida que los expone a un riesgo mayor a sufrir déficit de atención, baja autoestima, ansiedad social, comportamiento agresivo depresión e incluso a padecer ellos mismos este trastorno.

Aunque el TLP se da también en hombres, el 75 % de los casos diagnosticados son mujeres; de ahí que el énfasis se pone en madres con TLP. Además, se cree que hay más de seis millones de mujeres en los Estados Unidos que han recibido este diagnóstico.

La infancia de un adulto que tuvo la desgracia de crecer con una madre que sufre TLP está por lo general llena de angustia, dolor, ansiedad crónica y contradicciones. Algunas veces, en un intento por ocultar sus verdaderos sentimientos, utilizan el humor para evitar hablar de sus experiencias; prefieren en cambio hablar de su vida en general sin dar detalles reales, para evitar dar una mala imagen de su madre a nadie. Sin embargo, su vida es una historia de sufrimiento, por el chantaje emocional y por no saber qué comportamiento tendrá su madre al momento siguiente.

Pronto se dan cuenta de que empiezan su vida en desventaja con respecto a otros niños. Su inseguridad los hace sentir incapaces de llevarse bien con otras personas, afecta su progreso en la vida, retrasa sus carreras, afecta su relación de pareja y los hace ser malos padres con sus hijos.

Estos niños atraviesan diferentes estados durante su desarrollo, tienen que lidiar con el abuso emocional, los peligros, y la intimidación por parte de padres controladores y manipuladores. Imagina que eres pequeño y te dicen que no te quieren y que te pueden echar en cualquier momento de casa. El efecto que esto puede tener sobre la salud mental de ese niño, que es sometido en forma frecuente a este tipo de abuso es devastador. Las mujeres que son diagnosticadas con TLP hacen de la vida de sus hijos un infierno o un paraíso en un abrir y cerrar de ojos sin que el niño tenga algo que ver con desencadenarlo. De pronto, ella verá al niño como alguien que no merece su amor, lo cual está en fuerte contraste con la conducta amorosa que tuvo unos minutos antes hacia el mismo niño.

Los niños sienten todo el tiempo que viven en una prisión emocional y crecen fragmentados, confundidos; esto puede llevarlos a desarrollar síntomas de enfermedades y trastornos mentales que los hacen ser impulsivos, hostiles, y proclives a la violencia, sufrir de ansiedad, furia contenida y depresión.

Esos niños están también en riesgo de caer o rozar la psicosis cuando están en situaciones de estrés y se enfrentan a sentimientos reales o imaginarios de rechazo o de abandono. Pueden llegar a caer en prácticas riesgosas que terminan generando adicciones como un mecanismo a corto plazo para sobrellevar y soportar su dolor psicológico. También tienen un riesgo elevado de desarrollar TLP, y esta es la razón por la cual existe un círculo vicioso de transferencia de este síndrome de madre a hijo de generación en generación.

Los hombres que tienen este trastorno a menudo son mal diagnosticados como víctimas de otras enfermedades mentales o trastornos de personalidad antisocial, lo que incrementa el riesgo de ser sacados de la sociedad por el sistema judicial, por ejemplo, al encarcelarlos, hecho que tiende a agravar su condición.

No muchas personas saben cuán frustrante y agotadora puede ser la relación entre un niño y su madre con TLP. Tienes que aprender a esperar cualquier cosa cuando un padre con TLP está involucrado. Las interacciones casuales que ocurren a diario en otros hogares sin incidentes pueden deteriorarse rápidamente cuando está involucrada una persona con TLP. Hasta el comentario más inocente puede ser considerado ofensivo, mientras que una burla amistosa es considerada una falta de respeto. Con bastante frecuencia, anticipará problemas que aún no ocurrieron y reaccionará como si la persona ya hubiera cometido un error y mereciera el castigo que ella ha preparado. Una persona con TLP tiene una capacidad muy limitada de entender las emociones y leer las expresiones faciales de las personas; sin embargo, insistirá de manera consistente en que puede leer la mente de los demás; aunque lo único que sea capaz de leer son las amenazas de abandonarla y no ser todo lo agradecido que debieras por las cosas que ha hecho por ti.

La atmósfera a su alrededor está siempre cargada de emociones negativas. No pasa un día sin una historia acerca de cómo tal persona no la quiere, de ese colega que le tiene envidia, de que el vecino es hostil porque ella creyó ver que la miraba de una manera extraña un poco antes. Lo mejor que puedes hacer es darle la razón, porque de lo contrario te pondrá del lado de los que conspiran contra ella. Su pensamiento es tan rígido y está tan centrado en su mentalidad negativa, que le resulta fácil sacar conclusiones apresuradas. Las emociones de sus hijos le importan poco y no le importará maltratarlos en medio de un ataque de furia, agredirlos verbalmente o hablarles con desprecio.

La mayor parte de los niños llega a la conclusión de que su madre TLP no los quiere y si tienen un padre que entiende su situación, sus mejores recuerdos de la infancia serán aquellos relacionados con ese progenitor, en especial cuando sale en defensa de su hijo frente a las acciones destructivas de la madre con TLP; incluso algunas veces intentan compensar la falta de amor de la madre prodigándole grandes dosis de amor.

Por lo general, en esas situaciones, el padre tendrá que soportar la descarga de veneno de la madre al tratar de proteger a sus hijos. Por desgracia, estos padres y maridos no permanecen demasiado tiempo en una relación donde hay peleas constantes, donde todo el tiempo se juega a echar la culpa al otro o dar lástima está a la orden del día. No cuando tienen la posibilidad de elegir quedarse o irse, una elección que el niño indefenso no tiene hasta mucho más tarde en la vida, cuando el grado de daño ocasionado por la madre ya es demasiado grande. Tenemos a un niño que a medida que crece se vuelve más triste; y quién no lo sería si tiene que soportar cargar con la culpa de cualquier cosa que vaya mal en la casa y cuando la ira de alguien está dirigida a él. No hay prácticamente ningún momento de felicidad. Los más afortunados reciben regalos, juguetes y ropa muy a menudo, pero ningún regalo emocional; solo los habituales gritos y amenazas del castigo físico.

La consecuencia de esta actitud materna es que los hijos de madres TLP se convierten en niños quebrados que viven con una bomba que puede ser detonada en cualquier momento; se vuelven inseguros, se sienten culpables, ansiosos y frustrados, viven una vida llena de miedo constante de terminar como ella.

Parte de su rutina consiste en estar al lado de su madre para consolarla y asegurarle que van a estar siempre a su lado, aun cuando son ellos los que realmente necesitan ese apoyo emocional a tan corta edad. A medida que el niño crece y deja el hogar familiar, diversos acontecimientos le recordarán de manera constante su vida al lado de su madre: las críticas y el veneno que sale de su boca, la cantidad de veces que tuvieron que cuidarla cuando saltaba de una conducta impulsiva a la siguiente, aunque cargando la culpa en cualquiera menos en sí misma del caos que sentía en su vida.

El niño vive constantemente en la duda de por cuánto tiempo va a tener a su madre por culpa de las constantes amenazas sobre sí misma y sobre los demás, lo que lleva a la confusión en su corazón de si realmente quiere este tipo de madre.

A pesar de todo esto, los adultos que tuvieron una madre con TLP sienten todo el tiempo pena y amor por sus madres. Hacen lo imposible para amarlas y ocuparse de ellas. En algunos momentos parecería que ese amor es recíproco, hasta que ese amor se evapora en un arranque de furia o en desafortunados comentarios ofensivos. Sin embargo, cuando sientes que estás agotado y comienzas a alejarte, te acusa de no preocuparte por ella y cuestiona tu lealtad, a pesar de que ha salido adelante gracias a ti. Y el círculo vicioso continúa.

Como hijo de TLP que trata de liberarse, tendrás que aprender a poner límites y saber cómo resistir cuando ella aplique sus juegos de culpas y trate todo el tiempo de propasar esos límites. Tienes que saber además que no eres responsable de acciones que están fuera de tu control y que ella tiene que asumir la responsabilidad de tomar la medicación, asistir a terapia y aprender a manejar sus relaciones.

Nada de esto será fácil, y tomará mucho esfuerzo consciente por parte del hijo que tiene un progenitor con TLP.

Algunas de las acciones que tendrás que hacer tienen que, ver con no ir de visita a su casa en vacaciones, cambiar las cerraduras de la casa para que ella no entre sin avisar, ponerla en una institución si es necesario y enfrentar la vida que tienes por delante de modo que no te comportes con tus hijos como tu madre lo hizo contigo.

Vivir con padres manipuladores, abusivos, controladores y con TLP

Las madres con TLP son por lo general abusivas, controladoras, dominantes y manipuladoras. Alteran la vida del niño con sus rabietas prolongadas, arranques de furia, acusaciones y escándalos. Los hijos de estos padres se caracterizan por ser tímidos y aprensivos.

Al tener que sufrir este tipo de actitud tóxica, el niño se vuelve cada vez más precavido y cuidadoso al tratar con su madre, y comienza a evitar tener conversaciones normales con ella. Tienden a esconderse cada vez más dentro de su caparazón como una forma de reducir el contacto con su madre emocionalmente abusiva.

La madre, por otra parte, es incapaz de reconocer que sus hijos sufren mucho su estilo de crianza; prefieren creer en cambio que su accionar es un acto de amor hacia sus hijos, y se muestran heridas y ofendidas de que el niño escape a su compañía o rara vez le pida consejo.

El niño puede, por obligación, hablar con su madre, de manera formal y cordial, pero nunca con el grado de intimidad que muchos padres aman relacionarse con sus hijos. La madre con TLP, lamentablemente, no está emocionalmente preparada para comprender la relación entre sus acciones y el modo en que sus hijos reaccionan hacia ella.

Algunos niños al crecer llegan a odiar a su madre y aún a desear su muerte. Irónicamente, estas madres no entienden estas reacciones a pesar del patrón de abuso y negligencia que tuvieron hacia el niño inocente. La madre pude creer que actúa pensando en el bienestar de su hijo, basado en el amor y el cuidado.

Los niños más perceptivos que eventualmente tengan que aceptar la idea de que la razón de todos sus problemas es que vivían con una mujer que padecía TLP, a veces encuentran difícil aceptar que su madre es irremediablemente incapaz de comprender las necesidades de su hijo.

Superar este tipo de herida puede ser muy duro, aún con terapia, pero el esfuerzo vale la pena. El proceso de sanación puede llevar a la víctima a través de un proceso de aceptación de que la situación en realidad ocurrió, aprender cómo soportarla de la mejor manera y cómo perdonar a su madre a pesar de que la cicatriz del trauma le harán difícil olvidarlo. Algunos hijos de padres con TLP están en una lucha constante con la ilusión de que tuvieron una vida maravillosa llena de amor, a pesar de que lo que vivieron está muy alejado de esa realidad.

Capítulo 2

Trastorno límite de la personalidad

Proyección en los niños

Las madres con TLP utilizan un mecanismo de autodefensa que consiste en proyectar en sus hijos las penas que ellas sufren. Estas madres utilizan la proyección como arma para transferir la idea que tienen de sí mismas a su hijo. Pueden proyectar aspectos de su vida que idealizan o que desprecian, de acuerdo con el humor que tengan en ese momento; como resultado, el niño será catalogado como bueno o malo, un proceso que los expertos han dado en llamar "escisión" (*splitting*, en inglés).

Esta escisión de sus hijos en buenos o malos es un indicio característico de cómo las personas con TLP perciben a los demás y a las situaciones.

Muchos adultos superan el concepto de ver el mundo a través del prisma de ser muy bueno o muy malo, como los niños. Buscan un punto intermedio y hacen concesiones cuando no están de acuerdo con alguien en algún tema. Pero para una persona con TLP, esto es imposible; no hay áreas grises, su percepción cambia por completo de un momento a otro.

Los adultos que crecieron con madres con TLP se muestran desconcertados al recordar situaciones en las que su madre los acusaba de algo que claramente sabían que ella había hecho y en lo que no tenían nada que ver. Viven la vida con miedo permanente, como si estuvieran caminando sobre carbones encendidos, sin saber qué acciones o inacciones la ofenderán. Nunca saben qué hacer: si deciden evitarla y permanecer en su habitación pueden ser acusados de actuar como extraños en su propia casa, pero cuando deciden ser amistosos, de pronto deben enfrentar otra acusación infundada que hará de su vida un infierno. Por eso, con frecuencia intentan encontrar una excusa para no estar en casa, ya sea irse con amigos o con vecinos, aun cuando eso tenga consecuencias negativas más tarde.

El niño bueno

La manera en que una persona con trastorno límite de la personalidad percibe el mundo cambia todo el tiempo, por eso, en algunos momentos son amables, perfectos, amistosos y obedientes. Durante este período, la madre percibirá a su hijo como un niño bueno y él sentirá que merece ser amado, protegido y cuidado.

Algunas personas sugieren que, para que el niño disfrute de este privilegio durante mucho tiempo tendrá que dejar atrás cualquier conducta que le pueda siquiera remotamente sugerir a la madre que está ganando independencia o confianza en sí mismo. Una de las cosas que alimenta la inseguridad de una persona con TLP es el constante miedo al abandono. Ella verá todo intento de cortar el cordón umbilical como una afrenta directa a su territorio, cuyo control no quieren perder. Algunas veces, incluso ser el primero de la clase puede ser visto y tratado como una amenaza.

Para que la madre con TLP perciba a su hijo como bueno, será necesario que él esté constantemente al servicio de los intereses de su madre, aun cuando esto le resulte inconveniente. Después de todo (piensa la madre), ella sufrió al darlo a luz y pasó por toda la molestia de criarlo, así que él tiene la obligación de devolver el favor.

Se espera que el niño siga haciéndose cargo y cuidando de ella, y también que aprenda a postergar su vida, aun cuando haya crecido, se haya marchado a la universidad o se haya casado. Algunas madres con TLP demandarán en forma constante demostraciones de que no van a ser abandonadas, algo que creen que las destruirá.

La consecuencia de todo esto es que, si el niño logra desempeñar el papel del niño bueno durante mucho tiempo, se vuelve inseguro, resentido, depresivo, sumiso, desapegado e inadaptado sociales en su intento de protegerse del progenitor TLP potencialmente violento.

Irónicamente, no existe un patrón definido que permita saber qué esperar para que el niño pueda saber cómo adaptarse; pronto aprenderá que ser clasificado como "niño bueno" por lo general no guarda relación con lo que hayan hecho o dejado de hacer, sino más bien con cómo ha decidido clasificarlos su madre en ese instante, por medio de un algoritmo complejo que probablemente ni siquiera conoce. Como resultado, el niño simplemente intentará disfrutar estos momentos mientras se prepara para cuando repentinamente cae en desgracia y pasa a ser el "niño malo".

El niño malo

Cuando el hijo de una mujer con TLP cae en desgracia con su madre, desciende rápidamente de ser el niño bueno a ser el niño malo, un estado en el que por supuesto ningún niño quiere estar. A diferencia del niño bueno, que es sobrecargado de amor, atención, cuidado y cariño, al niño que entra en la categoría de "malo" le espera lo contrario: el odio, el abuso y el maltrato por parte de la madre.

Las mujeres que tienen más de un hijo, permanentemente le ponen la etiqueta de "bueno" a uno de ellos mientras que el menos favorecido lleva la etiqueta de "malo". Este el tipo de sobreviviente adulto que resulta más damnificado por su madre con TLP. Por lo general necesitará un tratamiento prolongado de psicoterapia, como resultado del grado de daño que ha recibido en su autoestima y en su psiquis.

La enorme y constante cantidad de abuso físico, psicológico y emocional que sufren estos niños es abrumadora, y es capaz de destruir casi por completo su personalidad.

Estas madres pueden ser llegar a ser violentas en algún momento e infligir daño físico por equivocaciones tontas que cualquier niño cometería; pero el daño más profundo son las cicatrices emocionales, que estos individuos llevarán con ellos toda la vida, aún después de convertirse en adultos. Su experiencia de vida les impide establecer amistades y relaciones normales con otras personas. No es extraño que sigan escuchando en su mente la voz de su madre dándole órdenes aún mucho después de dejar la casa familiar. Por lo general, el esfuerzo para seguir adelante y olvidar la experiencia pasada fracasa, por culpa de los continuos recuerdos nocturnos o pesadillas acerca de los momentos en que ocurrieron los abusos.

La consecuencia de ese abuso es la constante programación negativa que los hace incapaces de encajar adecuadamente en el mundo exterior. La mayoría ven el mundo como inseguro y consideran que todos los que los rodean quieren hacerles daño de alguna manera. Las madres por lo general se esforzarán para hacerlos sentirse culpables de no comportarse adecuadamente y utilizarán esto como una forma de chantaje barato, para tenerlos siempre bajo su control y que nunca puedan ser libres. El niño malo sufrirá siempre de ansiedad, soledad, culpa miedo y algunas veces depresión

Influencia temprana de la madre con TLP

El daño que provocan los progenitores con TLP sobres sus hijos comienza desde la primera infancia. Estas madres son incapaces de relacionarse e interactuar con sus hijos recién nacidos como lo hace el resto de las madres. Su comportamiento se caracteriza por una gran insensibilidad, poca capacidad de responder a las necesidades del infante y un elevado nivel de intrusión. Estas madres con TLP necesitan que les enseñen cosas que otras madres sienten y saben instintivamente acerca de sus hijos.

Cuando un niño nace, la madre y el bebé comienzan a desarrollar un vínculo a través de la alimentación, el llanto, el juego, las frustraciones y el placer. Este lazo íntimo que se forma entre la madre y su hijo le permite a esta reflejar desde los primeros días su comportamiento, incluyendo el balbuceo, las sonrisas, los abrazos y las expresiones de la criatura. A medida que transcurre el tiempo, la comunicación no verbal entre madre e hijo mejora hasta tal punto que la madre puede distinguir los diferentes sonidos que hace el niño y saber cuándo está molesto, cuándo necesita un cambio de pañales y a través de su sonrisa saber si el niño está feliz o satisfecho. El accionar del niño y la respuesta de la madre actúan para calmar y socializar al niño por medio de sonrisas y gestos que refuerzan la interacción entre ambos.

Por otra parte, una madre con TLP no puede internalizar ni para sí ni para el niño este sentimiento de responsabilidad y de sensibilidad ni es capaz de reflejar los sentimientos de su hijo, y esto hace que sea problemático para ella dar una respuesta emocional adecuada al niño que pueda servirle luego para su desarrollo.

Los investigadores creen que las madres con TLP no tienen la inteligencia emocional que se necesita para relacionarse adecuadamente con las criaturas. Se ha descubierto que son incapaces de identificar, reconocer, comprometerse y responder a las necesidades físicas y emocionales del recién nacido a través del tacto, las sonrisas, el cargarlo en brazos o mecer la cuna. Esta dificultad que tienen estas madres para identificar y responder de manera adecuada a las necesidades emocionales y psicológicas de sus hijos en este momento crítico de su desarrollo es lo que aumenta el riesgo de un vínculo desorganizado con sus hijos, los priva de lo que necesitan para disfrutar la seguridad y la comodidad que merecen y a la que tienen derecho desde el comienzo de su vida. La habilidad de una madre de reflejar los sentimientos de su hijo es una manera importante que tiene de responder a esa forma única de comunicación. Es decir que, cuando el niño sonríe y la madre le retribuye la sonrisa, contribuye al desarrollo del niño y de sus habilidades de comunicación. Una madre que refleja la expresión de su hijo también le enseña al bebé; ese es el rol que desempeña la madre en la interacción.

Sin embargo, mirar a su hijo a los ojos no le despierta ningún sentimiento a una madre con TLP. Ella puede intentar esforzarse en ser empática con los sentimientos del niño y con los sentimientos asociados que experimentan las madres nuevas cuando dan a luz a su bebé. También pueden tener dificultades para sentir la satisfacción y alegría que tienen otras madres, porque los defectos de su personalidad les impiden crear vínculos fuertes.

Así que, aún en estos estados tempranos del desarrollo del niño, cuando tendría que vincularse emocionalmente con su hijo, ella puede sentir una fragmentación que no le permite vincularse emocionalmente y verá al niño solo como una obligación que tiene que cumplir, en vez de sentir ese vínculo que hace que la mayoría de las madres disfruten a sus hijos.

Síntomas de los trastornos de personalidad

Las personas con trastornos de la personalidad tienen patrones de pensamiento, comportamientos y actitudes muy rígidas y poco saludables. Tienen tendencia a tener serios problemas y limitaciones para relacionarse con otros, lo que afecta de manera significativa sus relaciones y sus actividades sociales y profesionales. La falla en su inteligencia emocional les impide desarrollar las habilidades necesarias para percibir y relacionare con las situaciones y las personas a su alrededor.

Las personas que tienen trastornos de la personalidad comienzan a manifestar la enfermedad en la adolescencia o en los primeros años de la adultez. En ocasiones, pueden ir por la vida sin demostrar ningún síntoma de trastorno de la personalidad, por la manera en que piensan o actúan. Solo cuando comienzan a mostrar un patrón de comportamiento consistente, las personas de su entorno pueden comenzar a notar que tiene actitudes y comportamientos antisociales.

El comportamiento humano ha sido estudiado desde mucho antes del nacimiento de Cristo, con los griegos a la cabeza de las investigaciones. D acuerdo con las características o síntomas que demuestre cada paciente, los profesionales de la salud mental clasifican los trastornos de la personalidad en distintos tipos. No es raro que algunos de estos síntomas estén enmascarados o que el enfermo no muestre todos los síntomas esperables de un trastorno en particular; esto puede hacer muchas veces difícil el diagnóstico. Por esta razón, solo un terapista con entrenamiento profesional es capaz de diagnosticar adecuadamente y clasificar el tipo de desorden que padece esa persona. El resto de nosotros solo especulamos en base a nuestras observaciones y al efecto que tienen sobre nosotros.

En los Estados Unidos, el documento de referencia es el DSM-5: El Manual para el diagnóstico y estadística de los trastornos mentales, 5a revisión. Este manual se utiliza para diagnosticar, para recomendar tratamientos, para determinar la cobertura del seguro social y brinda una clasificación de los tipos de enfermedades mentales realizada por investigadores y profesionales de la salud.

De acuerdo con el DSM-5, existen 10 tipos diferentes de trastornos, que a su vez se pueden agrupar en tres tipos: A, B y C.

i. Trastorno de la personalidad paranoide
ii. Trastorno de la personalidad esquizoide
iii. Trastorno de la personalidad esquizotípica
iv. Trastorno de la personalidad antisocial
v. Trastorno de la personalidad límite
vi. Trastorno de la personalidad histriónica
vii. Trastorno de la personalidad narcisista
viii. Trastorno de la personalidad evasiva
ix. Trastorno de la personalidad dependiente
x. Trastorno de la personalidad anacástico (obsesivo-compulsivo)

Trastornos de la personalidad Tipo A

Los trastornos de la personalidad del tipo A son aquellos en los cuales la víctima demuestra un comportamiento o pensamiento extraño o excéntrico. Incluyen:

i. Trastorno de la personalidad paranoide
ii. Trastorno de la personalidad esquizoide
iii. Trastorno de la personalidad esquizotípico

Trastorno de la personalidad paranoide

Características comunes asociadas a este trastorno

- Excesivamente susceptible a las bromas o comentarios inofensivos, que perciben como ataques o insultos personales
- Alto grado de desconfianza y sospechas en los motivos de las acciones de otras personas
- Sospechan de todo, incluidos amigos, familia y pareja
- Muy susceptibles al fracaso, a las correcciones, la vergüenza y la humillación
- Son incapaces de confiar en otros por miedo a que utilicen la información en su contra
- Enojo o reacción irracional ante sucesos que perciben como insultos o falta de respeto
- Sobreprotectores de su espacio personal, con una fuerte creencia de que deben insistir en los derechos personales

Trastorno de la personalidad esquizoide

Rasgos comúnmente asociados a este trastorno:

- Desapego y susceptibilidad a la introspección y a la fantasía
- Personas introvertidas, con muy poco interés en las relaciones interpersonales
- Expresión controlada de las emociones
- Incapaz de participar de actividades que provoquen placer
- No tienen capacidad de captar los indicadores sociales
- Prefieren ser considerados fríos o indiferentes a los demás
- Poco o nulo deseo sexual

Trastorno de la personalidad esquizotípica

- Intereses y creencias inusuales y pensamiento mágico
- Sentido peculiar de la moda, de las creencias o del comportamiento
- Personalidad perturbada con alucinaciones
- Poca o nula emocionalidad, respuesta emocional inconsistente
- Ansiedad social y protección del espacio personal
- Indiferente y suspicaz hacia los demás

- Creencia en la lectura de significados de acontecimientos o eventos fortuitos

Trastorno de personalidad Tipo B

En este tipo de trastorno la víctima tiene conductas que se caracterizan por actitudes erráticas, comportamiento dramático y emociones intensas. Este trastorno incluye

i. Trastorno de personalidad antisocial
ii. Trastorno de personalidad límite
iii. Trastorno de personalidad histriónica
iv. Trastorno de personalidad narcisista

Trastorno de personalidad antisocial

- Desinterés por las necesidades o sentimientos de los demás
- Tendencia a la mentira, el robo, el fraude y la traición
- Con frecuencia trasgreden las normas
- No respetan las reglas sociales y las obligaciones
- Comportamiento impulsivo, irritabilidad y agresividad
- Incapaz de asumir la responsabilidad y aprender de experiencias pasadas
- Reiterada violación de los derechos de los demás
- Conducta agresiva y violenta
- No se preocupan por la seguridad propia ni ajena

- Conducta impulsiva e irresponsable

Trastorno de personalidad límite

- Comportamiento errático y peligroso que incluye sexo sin protección, juego compulsivo o atracones de comida
- Imagen distorsionada de sí mismo y relaciones intensas y erráticas
- Relaciones intensas e inestables
- Consistente miedo al abandono
- Tendencias suicidas o a las autolesiones
- Falta de confianza
- Egocentrismo

Trastorno de personalidad histriónica

- Búsqueda constante de atención
- Falta de sentido de valor propio, irá a cualquier extremo solo para conseguir atención
- Actitud dramática cuando expresa una opinión
- No tienen mente propia, son muy influenciables
- Emociones muy cambiantes y superficiales
- Muy preocupado por la apariencia
- Cuida excesivamente su apariencia
- Tiene una visión distorsionada de la amistad

Trastorno de personalidad narcisista

- Visión distorsionada de su grado de conexión e importancia
- Carece de empatía, usa la mentira y la explotación del otro para lograr sus objetivos
- Sueña despierto todo el tiempo y habla del poder del éxito y el poder
- Dificultad para reconocer las necesidades de los que lo rodean
- Percepción excesiva del éxito y los logros.
- Deseo incontrolable de inmerecida apreciación y admiración de los demás.
- Demostración de arrogancia
- Expectativas poco razonables de privilegios y favores inmerecidos
- Se aprovecha de las situaciones y de las personas
- Envidioso, incapaz de aceptar el éxito de los demás, incluye la idea de que son envidiados

Trastornos de personalidad Tipo C

El trastorno de personalidad tipo C tiene características que son reconocibles por su ansiedad constante, actitud y disposición temerosa. Los trastornos de personalidad de este tipo incluyen:

i. Trastorno de personalidad evasiva
ii. Trastorno de personalidad dependiente

iii. Trastorno de personalidad obsesivo-compulsivo

Trastorno de personalidad evasiva

- Cree que carece de habilidades sociales, que son poco atractivos o que no están a la altura de sus pares
- Muy sensibles a lo que consideran crítica o rechazo
- Es común en personas que sienten rechazo real o imaginario de sus padres o amigos durante la infancia
- Alto grado de inseguridad, complejo de inferioridad y baja autoestima
- No se interesan en actividades que tengan algún grado de contacto personal
- Tímidos, evitan conocer extraños
- Mal manejo de los desacuerdos, la vergüenza y el ridículo

Trastorno de personalidad dependiente

- Muy dependiente de los demás, deja que se hagan cargo de sus asuntos
- Tendencia a la sumisión y a aferrarse a otros
- Temerosos de hacerse cargo de sí mismos
- No tienen confianza en sí mismo, piden todo el tiempo consejo y confirmación, aún en decisiones triviales.

- Incapaces de iniciar y manejar proyectos por su cuenta por falta de confianza en sí mismos
- Temerosos de expresar desacuerdo con los demás para evitar la desaprobación
- Permanecen en relaciones abusivas y tóxicas aun cuando esté en riesgo su vida
- Inicia una relación apenas termina la anterior

Trastorno de personalidad obsesivo-compulsivo

- Le prestan mucha atención al detalle, las normas y el orden
- Creen en un nivel elevado de perfeccionismo, se vuelven disfuncionales cuando no alcanzan la perfección
- Son incapaces de ceder el control de tareas, personas y situaciones o de delegar
- Se enfocan en el trabajo y la productividad y para ello descuidan las relaciones, las amistades y las distracciones
- Incapaces de deshacerse de objetos rotos o sin valor
- Tendencia a ser rígidos y obstinado con respecto a sus creencias
- Inflexibles en cuestiones relacionadas con la moral, los valores y la ética

- Rígidos en el control financiero y en el gasto de dinero
- No se debe confundir el trastorno de personalidad obsesivo-compulsivo con el trastorno del mismo nombre, ya que son diferentes.

Capítulo 3

El sufrimiento de los niños con padres TLP

Los adultos que de niños crecieron con padres con TLP por lo general tienen una funcionalidad muy restringida debido a este trastorno. El efecto de un TLP no tratado sobre estos niños es muy devastador y por lo general provoca un gran distrés emocional, fluctuaciones sicológicas crónicas y traumas emocionales severos.

Debido a que el impacto del TLP no se limita a la persona que sufre este trastorno solamente, los síntomas comienzan a afectar la vida de aquellos que están su alrededor a diario o con frecuencia y distorsiona el grado de relaciones interpersonales que pueden establecer entre ellos. Con mucha frecuencia, las personas más afectadas son los hijos de madres que tienen trastorno límite de personalidad

El primer efecto grande de madres con TLP sobre sus hijos es que este trastorno distorsiona la manera en que los niños se relacionan con sus padres y sus hermanos, en comparación con estas relaciones que se establecen en una familia normal. Como resultado de esta base defectuosa durante los años formativos del desarrollo psicosocial del niño, la dinámica padre-hijo se vuelve vulnerable a las acciones psicológicas prevalentes y las relaciones interpersonales, y esto afecta el sentido de sí mismo del niño, su capacidad emocional, e incrementa el riesgo de exposición al abuso de drogas y alcohol, poca cohesión en la vida familiar y un estilo de vida deficiente.

Si creces como hijo de alguien con rasgos de trastorno límite de la personalidad, entonces tu habilidad para confiar y compartir intimidad emocional sincera con otros va a estar afectada. A menos que hagas algo para corregir los hábitos que adquiriste durante la infancia, inevitablemente repetirás el ciclo de trastorno, y será difícil que admitas que tienes un problema, y esto será difícil de cambiar.

Muchas veces, las personas con rasgos TLP intentan cometer suicidio, o desarrollan reaccionan con un enojo desproporcionado cuando sienten miedo a ser abandonadas. Algunos otros tipos de personas TLP son más tranquilos, sin todo el nivel de dramatismo que por lo general se asocia a este trastorno. Sin embargo, la mayoría, sino todos, son personas difíciles en la convivencia, ya que su experiencia de vida los moldea.

Muchos hijos de madres con TLP recuerdan con horror los niveles sobredimensionados de control que sus madres ejercieron sobre su vida, incluso cuando jóvenes de su edad estaban comenzando a experimentar algunos niveles de independencia y de libertad. A algunos de ellos muchas veces no se les permitirá salir de casa, ni se permitirán visitas. La situación puede volverse muy difícil; en algunos casos la madre se pone violenta, o paranoica, hasta el punto de infligirles dolor pegándoles. Por lo general, intentan controlar todos los aspectos de su vida, metiéndose hasta en los aspectos más triviales, de modo de no sentirse abandonadas o no perder el control. Algunas veces no permitirá que el niño duerma solo, aun cuando sea suficientemente grande, de este modo seguirá dependiendo de ella y no podrá independizarse.

El niño se acostumbra a recibir insultos de su propia madre, o ser llamado con apodos vulgares e innombrables, nombres que una madre nunca debería decir a su hijo. Incluso, los hacen sentir culpables cuando progresan en la vida. Muchos adultos han manifestado que cuando consiguieron ingresar a la universidad, donde por fin comenzaron a vivir, su madre, que debería ser la primera persona en alegrarse por ellos, terminó haciéndolos sentir culpables de querer abandonarla a pesar de haber hecho todo por ese hijo. Algunos de estos niños, como forma de liberación, terminan lastimándose a sí mismos o tienen intentos suicidas; es por situaciones como esta que muchos expertos creen que las personas TLP no nacen con este trastorno, sino que es adquirido, ya que estas actitudes maternas hacen muy probable que el niño desarrolle también TLP.

Las madres TLP tienen una capacidad increíble de pensar lo peor de cualquier situación, y tienen escasa capacidad de tener pensamientos positivos o racionales, en particular cuando las cosas no salen de acuerdo con su plan, o salen mal. Desafortunadamente, esto sucede con mucha frecuencia, ya que ellas siempre creen que todo va a salir mal, aun cuando no haya nada que corrobore su afirmación y nadie sienta lo mismo.

Por supuesto, cuando las cosas salen mal, le sirve para reforzar sus creencias y peores temores, que suelen ser el miedo al rechazo y al abandono; pero cuando las cosas no salen mal como ella había predicho, igual encuentra algo para cumplir su profecía autoinducida, a la que llegó a través de un sesgo de confirmación: En todo este proceso reaccionan de manera irracional y complican la situación de maneras que no deberían haber ocurrido. Siempre es capaz de crear dramas evitables y hacer "luz de gas" de la nada, de la manera que solo las personas con este trastorno pueden hacerlo.

Los niños crecen aprendiendo a buscar la validación de otras personas para sentirse valorados de alguna manera, porque lo único que sienten en su interior es un sentimiento crónico de vacío. El niño crece con una madre que no confía en su propio criterio, que tiene que ser constantemente reafirmada por otros antes de sentirse digna, lo que no dura demasiado. Su vida está llena de una continua hambre de amor y afecto y sin embargo les resulta difícil compartir estos sentimientos con ese hijo que depende de que ella le provea la estabilidad emocional que necesitan al principio de su vida.

Como las necesidades emocionales de la madre son muy difíciles de satisfacer, es probable que sea paranoica y salte de un fracaso amoroso al siguiente. Cuando eventualmente encuentra a alguien que tiene el potencial para ser un buen compañero, actuará de manera irracional provocando que esa persona la abandone, lo que dispara y confirma sus peores temores de sufrir abandono. Muchos niños encuentran esta experiencia terrorífica, en especial cuando se les hace sentir que ellos son los culpables de toda la situación.

Los niños disfrutan salir y estar con amigos, es una parte del proceso de desarrollo de las habilidades sociales; pero ningún niño estará más feliz de salir de casa que un niño con una madre TLP. Sin embargo, cuando eventualmente se les permite salir a ver a sus amigos, pronto se sienten culpables de haber dejado a su madre en casa y se apresuran a regresar, aun cuando recién llegaron a su destino.

Así que, aunque su madre les resulte emocionalmente agotadora por su actitud malhumorada, necesitada y tóxica. Aunque absorba la vida de todos los que la rodean y les drene la energía por la forma extrema en que reacciona a las distintas situaciones, dejando a todos boquiabiertos;

estos niños descubren que igual dependen de ella y que tienen que correr hacia ella ante el menor desafío. Su tendencia a dividir las situaciones, personas y experiencias en buenas o malas sin término medio significa que tendrá pocos amigos que le podrán hablar sin que se sienta herida en el proceso, lo que significa que sus hijos tendrán que sufrir solos. Crecer con una madre con TLP significa tener que andar con cuidado de no enojar a mamá.

Desgraciadamente, sin importar cuánto lo intentes, te agotarás al estar con una madre TLP y la culpa que sentirás puede ser implacable. Prácticamente no hay ni un día en que no sufras alguna forma de abuso verbal, con comentarios que tienen toda la intención de menospreciarte.

Los niños que crecen con madres TLP desarrollan un miedo insano hacia su madre, y siempre ven la vida desde el criticismo que están acostumbrados a recibir de ella, hasta el punto de que, aun cuando no está presente, el adulto siente esa pequeña voz en su cabeza y ve una imagen de su gesto de desaprobación mirándolo fijamente cuando está por tomar una decisión. Esta voz parece repetir las constantes reprimendas que recibió durante su juventud, reprendiéndolo por protestar cuando "otros en tus zapatos enfrentan situaciones peores". Esta voz permanece durante mucho tiempo en su vida, sin que sepa cómo lidiar con ella.

En una familia normal, pueden surgir conflictos entre padres e hijos, pero entre un hijo y su madre TLP esto es particularmente tóxico. Mientras que los niños normales pueden tener desacuerdos con sus padres y hacer algunos comentarios desagradables sobre ellos, nunca serán tan intensos como los de un niño que vive con madre con TLP. Algunas de las afirmaciones de adultos que crecieron con madres TLP incluyen:

- Odio admitirlo, pero creo que odio a mi madre.
- Mi madre niega sus equivocaciones y nunca asume la responsabilidad.
- No tiene sentido de la proporción, todo lo hace al límite (es blanco o negro, no hay lugar para el gris).
- No puedo confiar en ella.
- Ella explota de furia ante la más mínima provocación.
- Ha logrado imponerme su visión negativa del mundo.
- Me vuelve loco y me hace sentir horrible.
- No le importan mis sentimientos o los de otras personas.

La mayoría de las víctimas de TLP, incluso las madres TLP y sus hijos, tienen personalidades con una o todas de las siguientes características:

- Miedo
- Impotencia
- Vacío
- Ira

Por lo general, una de estas cualidades predomina sobre el resto.

Impacto de una madre TLP en la crianza de su hijo

Los hijos ven el mundo a través de sus padres. El niño copiará sus modos, sus primeras palabras, cómo caminar y cómo manejar sus emociones. El primer contacto de un niño con el mundo es por lo general a través de los ojos de su madre, hay un lazo que une a madre e hijo en esta primera etapa de la vida. Desafortunadamente, una madre con TLP no puede brindar ese nivel de conexión emocional y esto puede tener un impacto importante en el niño.

1. Deterioro en el desarrollo del niño

El impacto que tiene una madre con TLP es más fuerte a medida que el niño crece y comienza a hablar. Desarrolla la comprensión de sí mismo, de su madre y del mundo que lo rodea. El niño luego tendrá que vivir con la crisis de identidad de la madre, su tendencia a la disociación, su volatilidad de carácter y el constante temor al abandono.

Esto comenzará a afectar de forma negativa el desarrollo social, psicológico y emocional del niño. Imagina a un niño que va por la vida sin recibir comprensión, reafirmación ni empatía por parte de su madre, porque ella es incapaz de reconocer la necesidad del niño de recibir estas demostraciones de afecto.

En el largo plazo, estas actitudes son muy perjudiciales para el desarrollo, ya que afectan la base fundamental de la que dependen el crecimiento y las necesidades emocionales que posibilitan las relaciones interpersonales sanas, el control de las emociones y la capacidad de resolver conflictos.

2. Dinámica defectuosa en la relación del progenitor con su hijo

Las madres con TLP tienden a ver a su hijo como un objeto que puede utilizar para validar sus miedos y para satisfacer su inseguridad y amor. Esto es muy diferente a lo que haría una madre normal, que ve al recién nacido como el centro de su mundo, pero a la vez como una persona independiente que tiene necesidades y deseos propios. Una madre normal hará todo lo posible para llenar a sus hijos de amor, cuidado y atención; no ve a su hijo como alguien de quien recibir amor.

La dinámica de la relación cuando está involucrado un progenitor TLP le asigna al niño el rol de satisfacer las necesidades que tiene la madre de amor, compañía, amor, validación y atención, aunque esto sea poco realista, impredecible e incómodo para el niño. Como respuesta a lo que puede describirse como un esfuerzo frenético por no ser abandonada, la madre ejercerá un enorme control sobre las actividades del niño, de modo que este nunca llega a alcanzar realmente el nivel de independencia que tiene cualquier niño.

3. Distorsión de la identidad del niño

Un niño con madre TLP aprende pronto que su sentido de identidad está definido por las expectativas y deseos de su madre. Cada acción, actitud, cuidado, preocupación, relación y progreso se enfrenta al constante vaivén entre aprobación y desaprobación, aceptación y rechazo, admiración y disgusto; alabanza y desprecio. El niño no puede pensar por sí mismo y se le niega la libertad y el apoyo necesario para atravesar el proceso de explorar y expresarse por sí mismo.

Como resultado, el niño nunca aprende a desarrollar la confianza en su instinto, no tiene identidad y no está satisfecho de quién es. Una madre TLP querrá ser el centro del mundo, la proveedora de soluciones, mientras todos los demás giran a su alrededor. El niño crece con esta mentalidad de no ser capaz de pensar por sí mismo. No es capaz de distinguir sus propias creencias, como sería esperable de un niño en desarrollo; en cambio, él o ella serán inseguros, tendrán un miedo creciente a estar solos y necesitarán alguien que los proteja. Estas situaciones comienzan temprano, pero escalan a medida que el niño crece y a la larga llevan a profundas crisis psicológicas.

4. Baja autoestima

La baja autoestima con frecuencia se puede rastrear a experiencias traumáticas durante la infancia, por ejemplo, por la ausencia de la figura parental o por el abuso físico, emocional o sexual. Tiene raíces más profundas en comparación con otras situaciones provocadas por temas financieros, pérdida de trabajo o relaciones fallidas.

Las personas con baja autoestima se ven a sí mismas como víctimas en un mundo hostil. Esto hace que se repriman a la hora de expresarse y hacerse valer, lo que provoca que no puedan cambiar situaciones de su vida porque no hacen el esfuerzo necesario. Se dan cuenta de que perdieron muchas oportunidades que otros a su alrededor sí aprovecharon, y esto hace que se hundan cada vez más en el pozo de la baja autoestima.

La baja autoestima, las enfermedades mentales y los trastornos de personalidad tienen una relación muy compleja. En la mayoría de los casos, la baja autoestima es un rasgo principal de un trastorno de personalidad o enfermedad mental y es probablemente uno de los primeros síntomas que busca un terapista cuando evalúa a un paciente.

Cuando la madre TLP trata al hijo como pareja sustituta

Los niños de hogares con madre TLP tienen más probabilidades de tener padres divorciados y en muchas ocasiones, la madre utilizará al niño para suplir sus necesidades psicológicas; el niño asume un rol parental a una edad muy temprana por culpa de su madre emocionalmente inestable. Este tipo de relación, que algunos expertos llaman "relación incestuosa encubierta", también puede darse incluso cuando ambos padres siguen viviendo bajo el mismo techo, pero tienen un matrimonio o una relación en la que la comunicación se ha roto por completo. Estos niños son deprivados de su infancia, ya que tienen que suplir las necesidades emocionales de su madre, estar siempre para ellas; esto hace que se establezca entre ellos una forma de relación codependiente donde ambos se necesitan mutuamente para tener éxito.

El niño asume este rol de cuidador emocional a veces con entusiasmo, otras con preocupación hasta el punto de la obsesión. Por desgracia, solo sirve para agravar su situación mientras satisface las necesidades emocionales de la madre, que está infligiendo en su hijo una herida emocional para la que no está preparado.

Por lo general, esa madre ve a ese hijo como su consejero en asuntos que están claramente por encima de su capacidad de comprensión, incluidos los problemas matrimoniales, los problemas de relación. Busca en él consejos sobre temas que todavía no es capaz de entender o manejar emocionalmente. El niño sobrelleva una carga emocional que nunca se le debería haber impuesto a esta edad, sino que le corresponde a la madre. Sin embargo, ella es más que feliz de continuar con esta actitud.

Por desgracia, estas relaciones incestuosas encubiertas dañan gravemente la capacidad del niño de establecer, como adulto, relaciones saludables, prolongadas e íntimas. Puede requerir largos períodos de terapia para poder corregirlo.

Es su necesidad la que cuenta, no la tuya

La necesidad emocional de un niño significa muy poco para una madre TLP. Su preocupación siempre gira alrededor de sus sentimientos, su reputación y cómo la ve el resto del mundo. Una madre con rasgos de trastorno límite de la personalidad demuestra un narcisismo que le impide siquiera sintonizar con las necesidades y sentimientos de su hijo. Su percepción de lo que hace el niño va a ser siempre acerca de sí misma.

Entonces, cuando el niño se comporta mal, su reacción va a ser siempre el temor a que otras personas la vean como una mala madre, y no necesariamente lo que hizo mal el niño. Por ejemplo, si el niño se cae durante un paseo, probablemente tenga un ataque de furia lo rete por caerse en público de manera de dejarla mal parada. El bienestar del niño desde la perspectiva de la madre con TLP es secundario y cuando el niño hace algo que ella encuentra ofensivo reacciona con una furia desproporcionada al accionar del pequeño.

Las madres TLP nunca sienten la necesidad de disculparse, porque están convencidas de que nunca se equivocan, y que siempre son los que la rodean los equivocados. Ellas son realmente buenas en el papel de víctima. Tienen que ocupar el primer lugar en la familia y el niño siempre queda en último lugar.

Aun cuando pretendan ser buenas madres en público y hagan lo que en superficie parecen gestos amables y generosos, por lo general solo será un intento velado de probar la lealtad del niño de manera de hacerlo sentir en deuda con ella.

Por ejemplo, una madre que llama a su hijo adulto el día de su cumpleaños le dirá que compró entradas para ir al cine juntos. En la superficie, este puede parecer un gesto generoso, pero si el hijo rechaza la invitación por algún motivo, la madre actuará de manera irracional y demandará que deje lo que está haciendo para ir al cine con ella, sin importarle los inconvenientes que pueda ocasionar o que el hijo tenga edad suficiente como para saber qué quiere hacer. No será raro que lo acuse de ser desagradecido e incluso amenace con darle la entrada a alguien que realmente lo merezca, de modo de hacerlo sentir culpable.

Esta conversación dejará al hijo con un sentimiento de culpa por haber hecho otros planes de celebración que no incluían a su madre.

Las madres afectadas por TLP no escuchan lo que se les dice, sino que buscan señales que:

- confirmen que la reconoces como la víctima.
- Le indique algún nivel de falta de respeto hacia su persona.
- Demuestre intenciones o trasfondos ocultos.
- Alguna señal de que estás conteniéndote o reteniendo recursos.

Tienen un patrón de comportamiento que gira alrededor de sí mismas. Se convierten en una especie de inquisidoras al someterte a una serie de preguntas que están diseñadas para establecer que alguien o algo más es más importante ahora que ellas en tu vida, que nunca le agradeces lo suficiente, o para mostrar evidencia de exclusión, signos de ser menospreciada o victimizada.

El objetivo de cada conversación es comprobar qué tan bueno eres. Entonces, cuando ella te dice que el hijo de una amiga le compró a su madre una joya muy costosa, te está queriendo hacer sentir culpable de no ser capaz de hacer lo mismo por ella. Mientras sirva a su propósito, no dudará en presionar a su hijo para abandonar cualquier plan que tenga. Cree que tiene derecho a estas ventajas y privilegios y en los escasos momentos en los que el niño puede resistirse, le responden con sarcasmo, con el objetivo de castigar su desobediencia.

Las madres con TLP solo escuchan lo que les interesa, tienen oído selectivo, lo que hace que solo guarden recuerdos selectos de lo que se les dice, que luego solo interpretarán de una manera que les sea conveniente. Filtrarán y distorsionarán los mensajes que reciben y los ajustarán a significados que sean convenientes y que las pongan en el papel de víctima. Estos mensajes distorsionados a partir de una afirmación y un evento neutral se convertirán en un ataque y serán la justificación de otro proceso de abuso.

La madre TLP también puede reaccionar a eventos que aún no han sucedido, y actuar el papel de víctima. Puede hacer sentir culpable al niño describiendo una escena de lo que podría pasarle si se cae o si tiene una crisis médica cuando el hijo está lejos, por ejemplo, en un evento en otra parte del país. La madre percibe esto como una forma de abandono, de no poner su bienestar en primer lugar

. La relación de una madre TLP con su hijo siempre gira en torno a ella, desde la cuna. Es su necesidad la que cuenta, no la del niño.

Ellas también sufren

Aunque por lo general son las personas que rodean a alguien con TLP las que sufren sus acciones, la realidad es que la madre TLP también sufre. Vivir una vida con un continuo huracán de emociones en su interior no es en absoluto divertido.

Cuando su enfermedad no es detectada ni tratada, el paciente vive una vida miserable y solitaria, ya que las personas que alguna vez le demostraron su amor y le dieron sostén a la larga se irán o se alejarán por culpa de su actitud tóxica. Tiene patrones de pensamiento muy distorsionados que le hace estar siempre en conflicto con ella misma y con su entorno. Una madre con TLP no se propone intencionalmente herir a sus hijos, sino que es a su vez víctima de sus traumas pasados.

No muchas personas, incluidas su familia y amigos, comprenderán que el sufrimiento emocional de una víctima TLP es casi tan intenso como el dolor físico. Muchos creen que el comportamiento de una persona con TLP es deliberado, egoísta y una manera de atraer la atención sobre sí, lo que explica por qué hay un ciclo de emociones y creencias negativas.

El trauma que estas víctimas TLP atraviesan muchas veces es tan intenso que llegan a considerar el suicidio como única salida para encontrar alivio.

El efecto del TLP cuando no es tratado puede ser devastador e inhibir severamente su comportamiento, creando una inestabilidad psicológica insana con un distrés emocional enorme. Como sucede con muchas personas con otras enfermedades, el TLP hace a las personas dejadas, indulgentes con ellos mismos, ya que prefieren nadar en la comodidad de la autocompasión.

Capítulo 4

¿Qué es el TLP?

El trastorno límite de la personalidad (TLP) se denomina a veces Trastorno de la personalidad emocionalmente inestable. Se considera una enfermedad mental grave que altera la habilidad de la persona para manejar sus emociones de manera efectiva. Este trastorno provoca emociones muy intensas al que lo padece, que lo deja con una sensación de no saber quién es. Tiene miedo al abandono y sufre cambios de estado de ánimo intensos que muchas veces derivan en conductas impulsivas o temerarias.

Algunas de las características típicas de las personas con TLP:

i. Muestran reacciones emocionales intensas ante los problemas, lo que los lleva a interpretar de manera errónea los acontecimientos como perjudiciales cuando sólo son benignos. Esta interpretación equivocada puede ocurrir cuando el evento está en progreso.
ii. Al igual que un número binario, solo funcionan en dos modos: bueno o malo, atractivo y muy eficiente a veces, alternando con períodos de furia desproporcionada e incluso ataques de furia,

narcisismo y conductas explícitamente hirientes, dañinas para ellos mismos y para otros.

iii. Por lo general, una persona con TLP tiende a la escisión (splitting). Clasifican a una persona o grupo como el villano y manipulan a los otros para unirse a ellos en empañar su imagen; utilizan la regla de divide y reinarás en contra de esas personas.
iv. Tendencia a tener un elevado sentido de derecho.
v. Muy críticos, dominantes, juzgadores, demandantes y tóxicos, lo que hace que las interacciones con ellos sean casi imposibles.

Muchos psicólogos han llegado a la conclusión de que nadie nace con este trastorno, sino que es un proceso de desarrollo muy lento, lleno de muchos episodios desafiantes que finalmente terminan en un TLP pleno.

Sin embargo, otros investigadores muestran que, en algunas familias, el TLP es un trastorno que sucede generación tras generación, ya que los hijos de padres TLP heredan muchos genes que los hacen más susceptibles de desarrollar este trastorno.

El el tipo de ambiente en el que se desarrolla el niño tiene mucha importancia y puede ponerlo en riesgo de desarrollar TLP. Por ejemplo, una persona que fue abusada de niño puede tener mayor riesgo de desarrollar TLP y cuando crezca, tendrá mayor riesgo de tener problemas como padre. Un padre que padece síntomas de TLP encontrará difícil ser eficiente como tal, especialmente cuando a su vez creció en una familia problemática y no tiene buenos modelos a seguir.

Cuando se trata de TLP, no hay garantías, no hay garantía de que los hijos de un TLP vayan a desarrollar la enfermedad, así que para reducir el riesgo de que un niño desarrolle síntomas de TLP lo único que se puede controlar es el ambiente en el que se desarrolla, para reducir el riesgo de que manifieste síntomas de la enfermedad, si es que tiene la predisposición genética.

En general, los expertos creen que el ambiente tiene un rol fundamental, más importante aún que la presencia de los genes, en determinar si una persona va a desarrollar TLP.

Algunos diagnósticos erróneos

Es habitual que las personas con TLP no sean adecuadamente diagnosticadas o reciban un diagnóstico erróneo de padecer otra forma de enfermedad mental. Los síntomas de TLP coinciden con otras formas de enfermedades mentales y por eso pueden confundirse con bipolaridad, depresión y ansiedad.

Es muy probable que un progenitor difícil, en general el padre, reciba un diagnóstico erróneo de ser un inadaptado social o un padre abusivo. Esto probablemente explique por qué se dice que el 75% de las personas con síntomas de TLP son mujeres, ya que es mucho más fácil aplicar una acusación más grave al hombre, que en la mayoría de los casos terminará en prisión debido a un diagnóstico inadecuado y a la falta de apoyo en materia de salud mental.

Aspectos y efectos de TLP

El primer aspecto que influye en el desarrollo de TLP es el componente genético, que se manifiesta en una tendencia a tener una sensibilidad mayor a la normal. Esta mayor sensibilidad se asocia a la creatividad, la intuición, la innovación, la capacidad artística y la empatía. Algunas veces esta sensibilidad elevada puede tener un lado negativo, y llevar a que la persona, bajo determinadas circunstancias, desarrolle TLP:

El segundo aspecto del TLP está relacionado con la manera en que el cerebro puede abordar las diferentes emociones con las que se enfrenta. Las emociones han sido una parte integral de los seres humanos desde su origen y provienen de la parte más primitiva del cerebro. Es un área que se utiliza para interpretar y analizar los datos que se reciben a través de los órganos sensoriales: los oídos, los ojos, la piel, la nariz, etc. Esta parte del cerebro ha cumplido un rol importante desde los tiempos prehistóricos, cuando la lucha por la supervivencia era brutal y requería de la lucha y de decisiones que se tomaban muy rápido en respuesta a las amenazas, cuando se reconocía el peligro de una situación de vida o muerte. Esta parte del cerebro es la que actúa por impulso, sin pensar profundamente, solo reacciona. Para una persona con TLP, la respuesta al estímulo sensorial siempre está activada, y les es difícil mantenerla bajo control.

Una persona puede desarrollar TLP luego de transitar durante un período de tiempo largo emociones altamente reactivas combinadas con una incapacidad de contenerlas.

El porqué del TLP

La creencia de que una persona TLP no nace con esta condición, sino que la desarrolla con el tiempo bajo determinadas circunstancias de vida ha llevado a los expertos a creer que en un ciclo repetido de abuso infantil que se transfiere de una generación a la siguiente, las víctimas se convierten en agresores, y esto es lo que da lugar a la continuidad del TLP en la familia. Esto significa que aquellos que tuvieron la desgracia de sufrir abuso infantil tienen mayor riesgo de desarrollar trastorno límite de la personalidad y a su vez ellos mismos serán padres abusivos.

El trastorno de la personalidad consiste en un patrón de comportamiento repetitivo que el niño aprende mientras crece, que se repite aun cuando este comportamiento no le proporcione las habilidades necesarias para afrontarlo.

Como establece el Manual DSM IV, los síntomas del trastorno límite de la personalidad se caracterizan por lo siguiente:

i. Patrón de relaciones interpersonales inestables e intensas que se caracteriza por una alternancia entre los extremos de idealización y de devaluación
ii. Comportamientos impulsivos y riesgoso cuando están bajo estrés, que incluyen: sexo inseguro, compras compulsivas, abuso de sustancias, conducción temeraria y consumo de alcohol
iii. Sentimiento intenso de vacío y soledad
iv. Enojo crónico, escaso control de los impulsos de ira, ataque físico y violencia
v. Pensamientos paranoicos como resultado del estrés
vi. Intento de suicidio, autolesión y tendencia suicida
vii. Ansiedad constante acerca de sentimientos reales o imaginarios de abandono por parte de los seres queridos
viii. Episodios frecuentes de enojo, ansiedad y depresión
ix. Alteración de la identidad: inestabilidad de la autoimagen

Si el otro progenitor no sufre este trastorno y toma conciencia de la situación, puede tomar medidas para proteger al niño del padre abusivo; entonces, el riesgo de que el niño desarrolle síntomas de la enfermedad disminuye al mínimo. Este progenitor puede ser una fuente estable de seguridad y reafirmación, una situación que todo niño merece. Esto solo sucede cuando los padres no están enfermos o cuando solo uno lo está y el otro tiene otro tipo de trastorno.

El problema está en que las personas con TLP tienden a sentirse atraídos por personas que sufren otros trastornos de personalidad y suelen casarse con ellos. Entonces, una mujer con TLP probablemente atraerá a alguien que sufre de personalidad narcisista, ya que la personalidad narcisista suele proyectar la imagen perfecta que el TLP idealiza como la pareja perfecta. Las personalidades pasivas y dependientes no encuentran ninguna motivación para cambiar su situación, y por eso también se sentirán cómodos casados con un TLP.

Capítulo 5

Cómo protegerse de un progenitor TLP

El progenitor con trastorno límite por lo general carece de discernimiento y probablemente se vea como un gran padre que dio a luz a un hijo desagradecido. En su intento de probar que están en lo cierto, someterán al niño a grandes abusos que determinan que esté roto aún en la adultez.

A menos que el niño reciba algún tipo de protección, el riesgo de la persona que sufre el efecto completo de la toxicidad de una madre TLP es muy alto, pero la pregunta es, quién y qué pueden proteger a ese niño indefenso de aquella que se supone que tiene que ser su fuente primaria de protección.

Aunque es difícil de lograr, hay algunos escenarios que pueden ofrecer un primer o segundo nivel de protección que puede asistir a un niño en esta condición. Alguna de esta ayuda improbable puede provenir de:

Como se dijo antes, un padre puede actuar como escudo y protector del niño en contra del progenitor abusivo. Esto puede contribuir de manera importante a darle estabilidad, equilibrio, paz y protección al niño.

Algunos niños que no reciben ninguna protección en su hogar toman el asunto en sus manos y se escapan. A veces recurren a la casa de un familiar o a instituciones que les pueden ofrecer una solución más permanente. Esto también tiene sus desventajas, ya que pueden caer en las manos de otro tipo de depredadores.

En otras oportunidades, vecinos amables, maestros de los niños o amigos de la familia que observan la situación de abuso lo notifican a los servicios sociales de protección de menores para que investiguen la situación y asistan al niño.

Algunos familiares cercanos, como abuelos y hermanos que ya no viven en esa casa, pero se sienten frustrados por el abuso que sufre este menor, pueden intervenir y tomar al niño en custodia mientras intentan encaminar al padre TLP en el camino de la recuperación. Algunas veces, el padre TLP entiende la situación y permite que el niño obtenga el cuidado adecuado, pero la mayoría de las veces habrá un gran escándalo y resistencia a la idea, aun cuando saben que actúas por el bien del niño.

Cómo saber si tu madre tiene TLP aun sin un diagnóstico

Para identificar adecuadamente si una persona tiene TLP es necesario realizar un diagnóstico médico: Sin embargo, hay algunos signos sutiles que pueden ayudarte a saber si tu madre puede tener trastorno límite de la personalidad.

1. Su pensamiento recurrente es el miedo a ser abandonada por su hijo

Primero en la lista de síntomas de una madre con TLP es el miedo al abandono; sus acciones y reacciones siempre estarán ligadas a ese miedo. Cualquier acción que ella considere sospechosa será vista como un intento de su hijo de abandonarla. Este miedo hace que busque atención constante y reafirmación por parte de su hijo. Aun cuando haya evidencia contraria, la madre podrá reclamar que su hijo no la quiere. Podrá llamar un millón de veces por día con literalmente nada nuevo para contar. Algunas veces, algo tan común como llegar tarde a un evento puede desatar una sarta de acusaciones de desamor.

2. No es capaz de decidir si te ama o te odia

Si tu madre te pone en la situación en la que no estás seguro de si te ama o te odia, entonces es posible que sufra TLP. Esto es especialmente cierto si es capaz de cambiar del amor al odio con la misma intensidad y pasión. En la mayoría de los casos, cuando siente una u otra cosa, tendrá muy poca memoria de haber sentido lo contrario. Esta inconsistencia puede ser muy estresante y confusa para los miembros de la familia, y genera mucha tensión en la relación madre-hijo.

3. Intensos e injustificados arranques de furia

Todos podemos tener un ataque de furia en ocasiones, pero una madre TLP lleva esta reacción a otro nivel. En una situación en la que un padre normal se enojaría, una madre TLP no solo se enojará, sino que también reaccionará con furia y perderá el control, y sacará a relucir todas las palabras hirientes de su vocabulario. Los niños de esos hogares aprenden pronto que tienen que andar con cuidado de no provocar estos arranques de furia de los que no se pueden defender.

4. Muy conflictiva y siempre quejándose de sus amigos

Si tu madre parece que no puede sostener ninguna relación saludable y estable con los demás, sino que está siempre en conflicto con sus conocidos, amigos, compañeros de trabajo y vecinos, entonces, es probable que sufra TLP, en especial si este síntoma va acompañado de otros.

Las personas con TLP siempre se sienten despreciadas, dejadas de lado o que les faltan el respeto; esto hace que siempre sean desafiantes y no se contengan en una discusión. Probablemente no sabe cuándo es momento de dejar atrás una pelea y utilizar maneras más diplomáticas de solucionarla Tampoco es probable que la escuches disculparse de nada.

5. Cambio de roles en el apoyo emocional

Las madres con TLP por lo general son incapaces de dar el apoyo emocional y el amor que un niño busca en su madre. Debido a sus constantes cambios de humor y sus reacciones desmedidas a cualquier situación, siempre va a buscar apoyo emocional, seguridad y fuerza en sus hijos en vez de lo contrario, que es lo que uno esperaría. En ocasiones, el niño puede tener que asumir el rol de progenitor. Y aunque irónico, esto será seguido inmediatamente por el rechazo total hacia ese hijo.

6. Tendencia a ser temeraria e impulsiva

Todos tenemos diferentes maneras de reaccionar ante situaciones de estrés; para muchas personas, significa avanzar hasta tomar el control de la situación que provocó ese estrés.

Para una persona con TLP esto es bastante diferente. Tienden a actuar de manera impulsiva, saldrán de compras, se darán atracones de comida, conducirán a alta velocidad, tendrán tendencias suicidas, caerán en el abuso de sustancias y el sexo sin protección. Si tu madre tiene alguno de estos comportamientos, entonces es hora de sospechar que sufre TLP

7. Siempre intenta hacerte sentir culpable

Los padres pueden ser muy exigentes con sus hijos y tener expectativas elevadas. Pero las madres TLP pueden llevar esto al extremo, y poner expectativas poco realistas sobre sus hijos. Al no poder cumplir con esas expectativas, la madre actuará de manera de hacerlos sentir mal. Aún en las situaciones en la que el niño siente que la madre se pasó de la raya y debería mostrar algún tipo de remordimiento, ella encontrará la manera de culparlo por su accionar y acusarlo de ser desagradecido a pesar de todos los esfuerzos que hace para ser una buena madre.

8. Siempre fue así

Si tu madre siempre ha mostrado estas características y no es solo un día malo ocasional, como lo puede tener cualquiera, entonces el TLP puede ser la explicación a algunos de los problemas que has experimentado en tu hogar, como las peleas y los gritos innecesarios.

Capítulo 6

Tipos de personalidad TLP

De acuerdo con la idea presentada por James Masterton (1988), se puede clasificar a las madres TLP en cuatro categorías:

i. La madre vagabunda (Waif)
ii. La madre ermitaña (Hermit)
iii. La madre reina (Queen)
iv. La madre bruja (Witch)

La madre vagabunda - víctima indecisa o mártir

La personalidad Waif disfruta haciendo creer a la víctima indefensa que recibe un tratamiento injusto por parte de todos los que la rodean. Pasa algún tiempo con ella y la escucharás quejarse de la vida en general y de cómo algunas personas trabajan por detrás para hacerla sentir frustrada e impedirle alcanzar el éxito, y cómo necesita protección para librarse de eso. Va por la vida creyendo que nunca va a lograr nada.

A pesar de que la madre Waif tiende a quejarse, también tiene serios problemas de confianza que le impide aceptar ayuda de aquellos que se la ofrecen. También siente que no merece los cumplidos que recibe, y te acusará de adularla, aunque por otra parte necesita desesperadamente estos cumplidos para satisfacer su deseo social. También tiene tendencia a ser manipuladora y utiliza el estatus de su víctima como una pantalla de su tendencia manipuladora.

Sin nadie en quien confiar, por lo general tiene que recurrir a sus hijos para que le provean de esa reafirmación contante que necesita. La vida que vive requiere un salvador que aparezca justo a tiempo para rescatarla, como la princesa indefensa y en distrés que ella se imagina ser. El tratamiento que le da a sus hijos alterna entre la indulgencia y la negligencia. Es muy sensible a la crítica y ve cualquier comentario como un ataque directo hacia ella y un preludio o excusa para abandonarla. Para una madre de este tipo, cualquier cosa que haga el niño que ella no apruebe es visto como una traición, algo hecho adrede para herir sus sentimientos.

Cuando sus acciones alejan a su hijo, se dará vuelta y lo acusará de descuidarla, aun cuando el hijo ya sea un adulto que tiene vida propia. Esto da como resultado un enojo intenso.

Esta personalidad se caracteriza por rasgos que incluyen la indefensión, frustración, celos, baja autoestima, desesperanza, vulnerabilidad y mentalidad de víctima.

Efecto del accionar de una madre Waif sobre sus hijos:

- Los niños sentirán que fracasan cada vez que no pueden hacer felices a sus madres.

- Tendencia a internalizar la visión negativa y desesperante del mundo de su madre, al punto de desesperarse ellos mismos.
- Se encuentran enredados en su relación con su madre y son incapaces de cortar los lazos que los unen.

La madre ermitaña - guardiana crónica y protectora

La visión del mundo de la madre Hermit es que es un lugar peligroso donde las personas son egoístas, insensibles y en las que no se puede confiar. Casi siempre está convencida de que pronto va a ocurrir una catástrofe o algo peligroso y busca signos por todas partes, que mostrará como evidencia del inminente desastre.

La mayoría de los problemas de la madre ermitaña vienen de traumas de la primera infancia entre los que se puede incluir el abuso sexual.

Es posible que la madre ermitaña quiera dar una imagen de persona dura, segura de sí misma, independiente y fuerte, pero subyacente a eso hay una mujer con un fuerte sentimiento interno de vergüenza que proyecta a su entorno y una tendencia general a la inseguridad, la paranoia y la falta de confianza.

Aunque casi todos los padres enseñan a sus hijos a no confiar en los extraños, es probable que una madre ermitaña entrene a su hijo a no confiar en nadie, en especial en los hombres, lo cual puede afectar a futuro a su hija para confiar en su marido cuando se case. Para la madre ermitaña el mundo está demasiado lleno de gente peligrosa, y ella se ve a sí misma como el Mesías enviado para transmitir ese mensaje a su hijo. Se enfoca en el trabajo y en las obras de caridad como una manera de mejorar su autoestima y mejorar su confianza.

Por lo general no tiene deseos de salir con nadie fuera de la familia, en especial sus hijos. También restringe las salidas de sus hijos con amigos, de compras o en citas. Los hijos de este tipo de madre no son solo sus amigos, deben ser sujetos leales, guardianes y protectores.

Efectos sobre el niño:

- Tendencia a internalizar los miedos de la madre como propios, lo que los hace temerosos de adaptarse a situaciones nuevas.
- Dificultad para adquirir habilidades interpersonales para afrontar los problemas cotidianos.
- Incapacidad de confiar en los demás.

La madre reina -emperatriz, gobernante y realeza

La madre Queen tiene una personalidad muy despiadada y poco sincera. Solo desea la lealtad absoluta, todo lo demás será percibido como una insolencia y una deslealtad imperdonables que necesitan un castigo. Ella hace las reglas y establece la agenda, pero no tiene ningún problema en romper esas reglas sin siquiera una explicación o una disculpa.

Los hijos de esta madre TLP aprenden muy rápido que nacieron para prestar atención a su madre, amarla y usar cada oportunidad para demostrar ese amor, y lo más importante, obedecerla en todo, aún como adultos. La opción no es resistir o combatir, porque ella te quebrará. Se considera una gran madre y supone que los niños deben estar de acuerdo con ella en todo momento.

La vida de un niño que vive con una madre de estas características está diseñada para que el centro sea ella; se hace lo que ella dice, se ignora las necesidades propias y nunca se está en desacuerdo con ella. Si rompe cualquiera de estas reglas será acusado de irrespetuoso o de no amarla, lo que será considerado una ofensa grave.

La madre reina es vengativa y no tendrá problemas en chantajearte al recordarte tus fallas, los momentos en que mentiste y otros hechos inconvenientes de tu vida: Ella parece tener un registro de las fallas de todo, incluso de las malas calificaciones escolares. Si viviste con un progenitor TLP y sentiste que tu vida era como caminar sobre carbones encendidos, es muy probable que su personalidad sea del tipo madre reina.

Como hijo de una madre reina TLP, debes actuar como uno de sus leales súbditos. Ella espera que te veas como una princesa o príncipe hermosos, y que aceptes que la reina no comete errores. Por debajo de este exterior, hay una mujer con una muy baja autoestima que se esfuerza por esconder bajo esta imagen de poder más grande que la vida, de mujer en control e independiente.

En todo este drama de ser la madre reina, ella descuida las necesidades de sus hijos. Y en lugar de reafirmar su amor hacia ellos, ella espera que los niños le demuestren su amor incondicional sin esperar nada a cambio.

Su necesidad imperiosa de atención constante es inigualable, y no tiene problemas en utilizar a sus hijos para satisfacer sus necesidades. Ellos deberán aprender a no criticar jamás su sensación crónica de vacío y su angustia. También es capaz de una manipulación que puede ser tanto planificada y premeditada como fruto del impulso. La amistad no significa nada para ella, y está lista a descartar a cualquiera que ella perciba como por debajo de sus estándares que, de paso, no tiene definidos.

Cuando comete un error, no esperes que lo admita o que ensaye una disculpa. Probablemente tengas que esperar más de una vida para ello, porque no solo no se disculpará, sino que probablemente de vuelta la situación y te termine culpando a ti. Debes estar preparado para ser repudiado con frecuencia.

Efectos de la madre reina sobre sus hijos

- Rebelión, personalidad confusa, enojo
- Búsqueda de aprobación, de reconocimiento y de demostración de amor

La bruja - cruel y sensata

Si intentabas escapar de la madre reina TLP, trata de no encontrarte con la muy cruel personalidad de madre Witch. A esta personalidad por lo general la consume el odio a sí misma del que no es consciente, por eso es incapaz de amar y es muy hostil y cruel con sus hijos. A menos que tengas alguna característica superadora, por ejemplo, ser mayor o más poderosa que ella, te conviene mantenerte alejado.

Le importa muy poco las personas que la rodean y no solo rechaza las críticas, sino que responde con más veneno. Como todas las categorías de TLPO, siente un temor profundo a ser abandonada, y responde con terrible furia a cualquier cosa, por mínima que sea, que le sugiera que va a ser abandonada en breve. Este temor es lo que la hace reaccionar de manera vengativa e hiriente sin mostrar ningún tipo de remordimiento por su accionar.

Los hijos de madres brujas TLP saben que o estas de su lado o estás de su lado, porque las consecuencias de estar en contra de ella son demasiado graves como para considerarlas. Ella ama dominar y no acepta la competencia. Los hijos de madres con esta personalidad viven en constante temor y ansiedad de ofenderlas y enfrentan como un cachorrito temeroso ese arrebato de furia del que solo ellas entienden el origen. Estas madres hacen sufrir a sus hijos un abuso físico cruel, los hacen atravesar situaciones de pesadilla de las que no muestran remordimiento alguno.

Estos niños tienen un riesgo elevado de desarrollar síntomas de ansiedad, estrés postraumático y TLP. Algunos niños llegan a compararla con la malvada madrastra del cuento de Blanca Nieves.

Al igual que la madre reina, la madre bruja también espera que su hijo la ponga por encima de todo. Nunca va a estar feliz si existe la posibilidad de que su hijo participe en algo que lo haga feliz o ser aceptado por sus amigos. Sospechará de cada gesto. Este tipo de TLP no reconocen que su actitud es equivocada y probablemente son las más difíciles de tratar en terapia.

Tienen un hambre desesperada de poder y de control de las situaciones y de las personas que la rodean.

Efectos de estas madres sobre sus hijos:

- Los niños de estas madres con frecuencia sufren ataques aleatorios, prolongados y cueles
- Un comportamiento típico de los hijos de este tipo de madre es que crecen con la convicción de que están en falta y equivocados siempre
- También suelen sufrir depresión, inseguridad, timidez, son muy sensibles al peligro y antisociales
- Como adultos, pueden tener problemas para relacionarse con otros
- Dependiendo de cuán expuestos estuvieron al abuso por parte de esta madre, pueden desarrollar síntomas de estrés post traumático (EPT) o de trastorno límite (TLP), lo que continúa el ciclo

Capítulo 7

Sanar del Trastorno límite de la personalidad

Busca ayuda profesional

Si sospechas que algunos de los desafíos que tienes en tu vida pueden deberse a tener una madre con TLP, entonces, la primera sugerencia es que busques ayuda terapéutica. La terapia te ayudará a controlar cómo reaccionar a lo que ella dice o hace y a ser menos reactivo.

Necesitarás más que un libro para solucionar y sanar todos los largos años de tortura mental que sufriste. Una recomendación que por lo general hacen los expertos a las personas que han sufrido abuso durante muchos años es buscar una Terapia Cognitiva Conductual para aprender cómo modificar (reenfocar) la manera en la que una persona piensa y siente acerca de sí misma, para así poder desarrollar las habilidades necesarias para crear un proceso de sanación realista. El tratamiento con la dirección de un profesional de la salud mental puede ayudar a revertir muchos años de abuso mental y psicológico y a mejorar de modo significativo la salud mental de la persona.

Este es también un buen momento para recomendar y asegurar que la madre, que es la causa de todo este trauma también atraviese un proceso de sanación. Esto será probablemente un poco difícil de lograr, porque la mayoría de las personas con TLP no creen tener algún problema y tienden a resistir cualquier ayuda que se les ofrezca.

Incluso la sugerencia de que necesita ayuda profesional puede ser vista por ella como un intento de abandono de tu parte en una institución de salud mental, bajo el supuesto de que estás intentando curarla de un problema que, a su criterio, es inexistente.

Aquellos que son afortunados de atravesar el proceso, sin embargo, encuentran luego de algún tiempo que han mejorado de manera significativa y que cuando finalizan el tratamiento, ya no tienen síntomas del trastorno.

Los adultos hijos de madres con TLP que tienen hijos propios deberían ver el tratamiento terapéutico como una posibilidad de expresar todas las preocupaciones que tienen acerca de su niñez y del impacto negativo que puede tener sobre sus propios hijos. Tu terapeuta puede acompañarte en la evaluación del escenario de tu hogar para saber si tus síntomas pueden estar afectando negativamente tus habilidades como padre.

Tu terapista quizás pueda sugerirte programas que te ayuden a desarrollar habilidades enfocadas en relacionarte con las personas, lo que también te ayudará a mejorar tu relación con tu pareja y tus hijos. Los adultos que de niños sufrieron padres con TLP le harán un gran bien al mundo y a sus hijos si conscientemente ponen fin a este ciclo de abuso que ha ocurrido en la familia generación tras generación.

Los síntomas del TLP pueden ser muy intensos a veces y muy difíciles de revertir, pero la recompensa de esforzarse y lograrlo es enorme. La persona parece ser otra, como si viera la belleza del mundo con un par de lentes distinto. Sin embargo, requiere mucho trabajo.

A muchas de las clínicas que ofrecen terapia no les importa si tus experiencias durante tu edad formativa te llevaron a desarrollar una personalidad que te hace estar siempre de mal humor, ansioso o traumatizado; ellos utilizarán su amplia experiencia y los recursos disponibles para guiarte y darte el conocimiento que necesitas para sanar en un tiempo menor que si solo hubieras recurrido a la autoayuda.

El tratamiento es único para cada persona, ya que no existen dos experiencias individuales iguales. Debes esperar un tratamiento personalizado que haya sido diagramado para responder a todo el espectro de tus necesidades. Los expertos con entrenamiento específico y alta sensibilidad te brindarán una combinación de terapias holísticas e intensivas (que pueden incluir psicoterapia individual o grupal) para llevarte a través de un proceso de autodescubrimiento, que es un ingrediente importante en el camino hacia una sanación exitosa y una mejora en la regulación de tus emociones, alcanzar la paz interior, mejorar las capacidades interpersonales y aliviarte de los síntomas de TLP.

Recupera tu vida

Ahora, como adulto hijo de una madre con TLP, tienes que entender que es hora de que vivas tu vida y aceptes que, a pesar de lo que has tenido que atravesar, ella es aún tu madre.

Armado de ese conocimiento y en combinación con la terapia, ahora podrás decidir cómo quieres enfrentarla. Puedes decidir crear distancia con tu madre, apaciguarla o confrontarla, e incluso una combinación de las tres actitudes. Permite que cualquiera sea la acción que decidas tomar sea tú elección y analiza y acepta las posibles consecuencias como parte de lo que puedes esperar. Después de haber estado bajo el control de tu madre durante muchos años, seguramente no será un paseo por el parque. Tratar de recuperar el control que estuvo durante la mayor parte de la vida en manos de tu madre no será fácil para ella ni para ti, que has confiado siempre en ella como guía, dirección y consejo.

Lamentablemente ella no cederá, y no cambiará de actitud para hacerte las cosas más fáciles. Incluso como adulto, deberás entender que el miedo que sientes hacia tu madre es real, y es por eso por lo que tienes que recuperar tu vida y dejar de vivir con miedo. Deja de sentirte como aquel pequeño niño de edad prescolar y prepárate para mantenerte firme frente a sus reprimendas y sus manipulaciones, que incluyen la culpa que tratará de hacerte sentir.

Ahora eres adulto, aprende a vivir y actuar como tal.

Acepta la responsabilidad y deja de culparla

La tendencia natural que tiene el hijo adulto de una madre con TLP será de desagrado, enojo y algunas veces odio hacia la madre, que se convierte en el símbolo de lo es él ahora, comparado con lo que podría haber sido. Si bien es cierto que el veneno en las palabras que ella usó para dirigirse a ti debe haberte afectado negativamente, tienes que decidir de manera consciente responder, pero no reaccionar. Tienes que admitir que ella es quien es y quizás no quiera ni tenga nunca la capacidad de cambiar.

Esto no va a ser sencillo. Requiere que tengas una mirada objetiva de tu pasado y lo aceptes por lo que es, y luego separes las cosas buenas que obtuviste de tu madre y seas agradecido por ellas.

Esfuérzate por extraer la influencia positiva de tus padres y asume la responsabilidad de tu situación actual. Si continúas culpando a tu madre, quizás nunca madures realmente ni te liberes de su influencia. Al aceptar la responsabilidad, le estás negando la posibilidad de demostrar el poder que tiene sobre ti y reducirás su influencia en tu vida.

Busca maneras creativas de expresar lo que sientes, explora tus necesidades y haz lo que puedas para satisfacerlas; si puedes hacer eso por ti mismo, asumirás la completa responsabilidad de tu vida sin necesitar de su intervención o su aprobación. Ajusta tus pensamientos para enfocarte más en lo que quieres ser en vez de en lo que tu madre quiere que te conviertas. No tengas miedo de compartir tus historias, tus batallas, tus remordimientos y tus alegrías. Asegúrate de no hacerlo para despertar compasión y lástima, sino como parte del proceso de dejar todo atrás y asumir la responsabilidad de quién eres ahora, sin la culpa que tu madre te ha hecho sentir durante la mayor parte de tu vida. Busca a aquellos que puedan aceptarte y ayudarte en tu lucha, personas que además te amen, te valoren y te aprecien.

Crea un espacio para ti

Con la aparición de los celulares, la distancia dejó de ser una barrera para la mayoría de las personas, y ha facilitado las relaciones interpersonales. Pero cuando se trata de un hijo que creció en un hogar con una madre con TLP, no hay nada más adrementador que escuchar el teléfono sonar y descubrir que es una llamada de su madre. Si no atiendes la llamada antes del tercer ring, seguramente te acusará de dudar de querer hablar con ella, entonces, estarás a la defensiva en cuanto recibas el llamado.

Sin embargo, puede que quieras poner distancia entre tu entorno y la persona con TLP que te provoca el dolor que sientes. Mantenerte alejado te ayudará a mantener una sensación de estabilidad y te apartará del ambiente que es responsable de todo tu trauma.

Los patrones experimentados durante la infancia pueden regresar si la persona vuelve al lugar en el que vivió esa experiencia. Cambia el foco primario de tu relación con tu madre de ella a ti, construye un mundo propio a tu alrededor y reconoce lo que necesitas para crear un espacio independiente del de ella.

Establece límites firmes y rechaza el chantaje.

Tienes que estar seguro de que no temes establecer límites y tienes que hacerle saber a ella cuáles son. No te preocupes si trata de chantajearte para que corras los límites, seguramente te acusará de querer abandonarla y de rechazarla. Debes explicarle de forma clara y firme que haces esto por los dos, para asegurarte de que puedan establecer una relación rica y saludable. Puedes también intentar un pequeño chantaje al sugerirle que haces esto para mantener vivo el amor que los une; después de todo, la excesiva familiaridad provoca rechazo.

La idea detrás de comunicarle estos límites es hacerle conocer tus planes; solo debes hacer esto cuando estés seguro, lo hayas pensado bien y estés listo para sostenerlo en el tiempo. No debes utilizarlo como moneda de cambio, porque perderás la partida.

Después de todo, es muy probable que ella te gane, por todos sus años de experiencia.

Poner límites a una madre con TLP va más allá de llamarla y decirle que no piensas ir a verla en todo el año o que solo puede llamarte determinada cantidad de veces por semana, o cualquier otra estrategia que se te ocurra. Debes planificar bien el proceso y meterte en su cabeza, tratando de imaginar qué trucos puede preparar y estar listo para controlar la situación. Este es el momento de acobardarte o ser más astuto que ella.

De hecho, vas a tener que comenzar por ser muy brutal al principio, para demostrar que vas en serio. Ella tratará por todos los medios de probar tu resolución creando situaciones y eventos lo suficientemente serios como para hacerte retractar de tu decisión; quizás hasta puede prometerte que esta será la última vez. La verdad es que, si continúas acumulando presión, ella va a tenerte exactamente donde te quiere tener, así que tienes que planificar cuidadosamente cada paso del camino.

Debes tener preparado un plan para el caso en el que se enferme después de que hayas establecido los límites, también tienes que estar seguro de saber qué vas a hacer en el caso de que incurra en conductas peligrosas. Créeme, será muy difícil, porque te sentirás culpable, desagradecido, cruel y desamorado. Pero recuerda, estas intentando liberarte de lo que podría describirse como una esclavitud, y preparándote para disfrutar tu vida de ahora en adelante.

Son esperables la resistencia de su parte y también que quiera forzar los límites que pusiste, el motivo de esto es su gran miedo a ser abandonada. Tomará tiempo, probablemente más de un año probar tu resolución, aceptar tus términos solo para romperlos a la primera oportunidad, pero existe la posibilidad de que después de un tiempo se dé cuenta de que pueden coexistir y no temer ser abandonada, independientemente de los límites establecidos.

Solo podrás comenzar a relajar algunos límites cuando notes un esfuerzo significativo de su parte de cumplimiento, con acciones exageradas de vez en cuando para hacerle ver que los límites siguen en su lugar.

Practica el autocontrol

Uno de los desafíos que enfrenta una persona con TLP es la incapacidad de controlar sus emociones. Son incapaces de regular los diferentes aspectos de sus sentimientos. No es extraño que los hijos de padres con TLP también comiencen a manifestar de forma inconsciente esta característica; por eso, es necesario hacer un intento deliberado de asegurar que practicas el autocontrol y aprender a dominar mejor tus emociones. Esto lo lograrás si sigues el programa que habrá sido diseñado para ti por tu terapista. Esta es una de las razones por la cual buscar ayuda terapéutica es muy importante.

El autocontrol te ayuda a lidiar con los sentimientos de enojo contenido y de odio hacia tu madre. También debes buscar otras maneras de expresar el enojo; así, podrás dejar atrás el resentimiento y canalizar la energía negativa en actividades más productivas.

Justificar el resentimiento constante o jugar la carta de la víctima te va a hacer sentir infeliz y paralizado emocionalmente.

Practica la autovaloración y desarrolla tu autoestima

Sin duda ser sometido a constantes acusaciones abusivas durante el crecimiento puede herir y dañar tu psique, en especial cuando las acusaciones provienen de una madre que supuestamente tiene el instinto de proteger a sus hijos criarlos y darles la reafirmación que necesitan para su desarrollo.

Habrá muchas dudas como resultado de todos los años de absorber acusaciones, desaprobación y críticas. Esto lleva a dudar de uno mismo, a la pérdida de confianza, a odiarse y algunas veces a un completo colapso.

Comprender que estar cerca de tu madre con TLP ha sido la causa fundamental de que te sientas mal contigo mismo es probablemente una de las primeras formas de salir de ese círculo. Deberás practicar cómo desarrollarte mejor y convertirte en una mejor persona.

Tienes más posibilidades de lograrlo si comienzas con un proyecto sencillo que; desde la planificación, el desarrollo y la ejecución de todos los pasos necesarios hasta alcanzar el éxito. A medida que ganas confianza por el éxito que obtuviste por ti mismo, puedes avanzar a proyectos más grandes. En esta etapa, la mejor forma de validación es la propia, porque en este momento tus emociones aún están frágiles y todavía no puedes soportar la crítica sin que te traiga el recuerdo de tu madre.

Identifica lo que te hace feliz, y dedícale más tiempo a eso; realiza actividades que te permitan expresarte sin restricciones ni preocuparte por los que te rodean. Viaja a lugares que nunca has visitado, ayuda a alguien que no conoces, aunque sabes que no te van a devolver el favor, y haz amigos nuevos, que no conozcan tu historia y no te juzguen por tu pasado. Esa libertad, esa paz interior y el progreso que harás se irradiará a todas las facetas de tu vida. Entonces, tu voz tendrá un tono más firme y seguro.

Libérate del pasado

Una de las mejores formas de sanar para alguien que creció en un hogar con padres TLP es alejarse de ese padre que creó una atmosfera de relación toxica. También puede significar hacer un duelo por la infancia perdida; sin embargo, algunos expertos creen que un paso importante hacia la sanación es ser capaz de distinguir entre aquellos aspectos de tu vida que fueron abusivos de aquellos que son simples decepciones de la vida. Saber esto te ayudará a identificar con facilidad a personas que tienen características similares a las de tu padre abusivo, y aprenderás a evitarlos o alejarlos de tu vida.

También debes hacer saber a tu familia abusiva que no aceptarás más ese tipo de abuso emocional al que te sometieron en el pasado. Liberarte también significa tener el valor de ser fiel a tus sentimientos y opiniones, equivocados o no, y estar preparado para mantener tu opinión sin dejar que tus padres abusivos interfieran. Como te sugerí antes, siempre es mejor empezar por lo más simple, las frutas que están al alcance de tu mano, aquello que sabes que puedes conseguir por ti mismo, y usar esto como impulso para sentirte mejor contigo mismo.

Es natural que tu familia y tus amigos te digan o tu sientas que piensan que exageras acerca de los horrores que sufriste en tu infancia por los abusos de tu progenitor TLP, y que no fue tan malo como lo haces parecer. Nada puede estar más alejado de la verdad. Todo niño, y eso te incluye, merece tener toda la atención y cuidados posibles, es parte de su desarrollo, y la mayoría de esas necesidades físicas y emocionales tienen que ser satisfechas por la madre. Pero si en lugar de eso, ella le imparte castigo emocional y hasta físico a la vez que somete al niño a ataques de furia al punto de afectar su desarrollo psicológico, entonces no hay manera de que te culpen a ti. Tu eres la víctima, no el villano. Simplemente aceptalo como real, pero no te quedes estancado ahí y hagas una fiesta de autocompasión. En cambio, utiliza es información para contrarrestar el chantaje emocional que seguramente recibirás cuando intentes liberarte.

Muchos niños con madres TLP, como no quieren que su madre sea vista como un monstruo, se sienten obligados a ocultar las terribles experiencias infantiles que sufrieron con su madre, y algunas veces tampoco lo admiten a sí mismos o a los demás, lo cual puede llevar a rechazar ayuda exterior. Algunas madres se esfuerzan para crear una ilusión de hija perfecta y relación madre e hijo perfectas en público, lo que hace que otras madres e hijos sientan envidia del vínculo que parece existir entre ellos; sin embargo, cuando estén a solas, estos niños se sentirán atrapados.

Al reconocer las raíces de tus obstáculos emocionales y el rol que desempeñó tu madre, estarás mejor preparado para enfrentar el impacto que tuvo en tu vida el sufrimiento, la vergüenza, el trauma, la culpa y la manipulación que tuviste que vivir. Para liberarte, tienes que saber que el efecto de sus acciones sobre tu vida es el mismo, ya sea que sus acciones fueran con intención maligna o no; el daño es el mismo.

Realmente no tienes opción si quieres tener un progreso significativo en la vida, tienes que, con urgencia, liberarte por completo, quizás un paso a la vez, de aquella persona o personas que impiden que te conviertas en la persona que eres capaz de ser.

Crea una identidad propia

Como hijo de una madre con TLP, tu vida estará centrada en tu madre y estarás preocupado por cómo se siente. Lo aceptes o no, verás que todas tus acciones tienden a complacerla a ella. Parece como si no tuvieras vida propia, sino que fueras simplemente un instrumento para complacer a otra persona. Una vez que des los pasos hacia la liberación como te expliqué en los pasos anteriores, para no recaer, tienes que llenar el vacío que se creará en ti, y comenzar a crear la imagen de quien quieres ser. Puedes hacer un dibujo mental de a dónde quieres llegar, buscar a personas que hayan alcanzado ese nivel y aprender qué tuvieron que hacer para llegar allí, pero tienes que reconocer tus limitaciones, que quizás ellos no tengan. Admite que, aunque eso te pone en desventaja, hay muchas áreas en las que puedes sobresalir, solo necesitas identificarlas.

Comienza por aprender a utilizar palabras como: "Esto es lo que quiero hacer" en vez de decir: "Se supone que tengo que" a las que seguramente te acostumbraste mientras creciste. Mejora, así puedes comenzar a confiar más en tu instinto y a aceptar tu propia opinión como correcta. También debes aprender a alcanzar un balance y escuchar a los que te rodean, para no caer en la arrogancia. A medida que tu identidad mejore encontraras que te alejas del lugar de víctima y tienes una mejor percepción y memoria.

El nivel de confianza que habrás desarrollado con este paso te ayudará a comenzar a comunicar tu punto de vista en vez de tratar de complacer a los demás. Puedes comenzar con cosas simples, como elegir el tipo de película que quieres ver, y no porque es la que tu mamá quiere.

También debes aprender que habrá momentos donde habrá compromisos que atender, por ejemplo, cuando vas al cine con tu pareja; habrá momentos en los que tendrás que ver una película que no te interesa, eso es perfectamente normal y no es lo mismo que cumplir con los mandatos de tu madre de mirar algo sin tener en cuenta tus sentimientos.

Conéctate con grupos de ayuda

Aún en la edad adulta, los efectos de crecer con una madre con TLP no los podrás reducir tú solo, necesitarás el apoyo y la amabilidad de las personas de tu entorno para poder superar este trauma. Después de vivir en esta situación abusiva devastadora, tener un grupo de ayuda puede darte una idea de vida normal que te ayudará en el proceso de recuperación.

Necesitarás encontrar amigos, grupos de ayuda y familiares que te comprendan y que estén listos para darte el apoyo que necesitas. Para conseguir esta ayuda, tendrás que salir a buscarla en lugar de quedarte esperando que alguien se dé cuenta y venga a rescatarte. Probablemente tengas que recurrir a foros, páginas web y blogs para personas que tienen seres queridos con TLP. Tener un lugar para descargarte sin la perorata habitual de que eres un desagradecido puede ayudarte mucho. Por lo general, se siente un gran bienestar al poder expresar tus verdaderos sentimientos en vez de fingirlos y no tener a un juez cerca listo para crucificarte. También deberás aprender a escuchar las historias de los demás, lo cual te ayudará a liberar un poco del sufrimiento que sientes, y también te ayudará a validarte.

Muchas personas se unen a grupos de ayuda en un estado de miedo, angustia, ansiedad y culpa, porque aún sufren el incesante abuso de sus madres, quienes, aún a la distancia de una llamada telefónica, son capaces de abusarte verbalmente, llorar histéricamente y tener incontrolables ataques de furia. Como están acostumbrados a estas formas de abuso mental, los hijos de madres con TLP soportan el sufrimiento con culpa y miedo. Un grupo de ayuda terapéutico y sin prejuicios y también la comunidad, pueden ofrecerte verdaderas soluciones de vida acerca de cómo aliviar el sufrimiento que trae a tu vida la persona que te dio a luz, y ayudarte a producir una mejor versión de quién eres.

Cuando te encuentras en una situación así, puedes decir, por ejemplo "Mamá, puedo escuchar que estás molesta, pero esta no es la manera en que quiero que continúe esta discusión. Ahora voy a colgar, y quizás, cuando estés de mejor humor y no me grites ni me digas cosas horribles podamos tener una buena conversación". También puedes terminar de forma abrupta una llamada abusiva y decir "Lo siento mamá, tengo que atender otro asunto, quizás podemos tener esta conversación en otro momento".

Tu grupo de ayuda podrá sugerirte otras formas que ellos han utilizado para liberarse, y enseñarte la dinámica, qué esperar, cómo reaccionar, cómo hacer para no ceder, cómo reestablecer los límites cuando se rompen y otra información que probablemente no encuentres en otra parte. En poco tiempo te encontrarás ofreciendo ayuda a los nuevos miembros del grupo, porque tú has estado ahí, y nadie puede sentir el dolor más que aquellos que lo han experimentado.

Este curso de acción no es solo para ti, también lo es para tu madre, que por primera vez en mucho tiempo deberá aprender a hacerse cargo de sus acciones y aprender que sus acciones pueden herir a las personas que ella dice amar.

Instrúyete y lee libros que te den estrategias

Una de las mejores cosas que puedes hacer por ti es educarte para aprender a cambiar la dinámica de la relación con tu madre. Aprenderás a establecer límites y a superar los sentimientos de culpa y de obligación. Es posible dejar atrás una vida de sufrimiento y establecer una relación saludable con tu madre. Ella es tu madre, después de todo, y con frecuencia, deseas tener una buena relación con ella. Querrás que conozca a tus hijos, pero no que los influencie negativamente. Tienes que resolver cómo estar en esa relación, como adulto, no como un niño que no puede controlar cómo se desarrolla la relación.

Usa la salida para evitar confrontar

Si bien es cierto que liberarse le puede servir a un adulto que ya ha dejado el hogar familiar y ya no depende de su madre para satisfacer las necesidades básicas de la vida, no se puede decir lo mismo de adolescentes, niños y jóvenes que tienen que soportar la actitud de su madre todo el tiempo. En este caso es difícil pensar en liberarse, a menos que el niño decida huir de su hogar. De todos modos, el impacto del abuso materno afectará la vida de ese niño en el futuro. Por irremediable que pueda parecer la situación, encontrar una excusa para "salir del medio" cuando la situación se pone difícil puede ser beneficioso en el largo plazo.

Muchos niños utilizan el cuarto de baño como sala de escape en la que pueden refugiarse para no ser molestados. Entonces, si la interacción se sale de control, el niño o el adolescente pueden pedir permiso a su padre furioso o dominante para ir al baño, lo que le da una excusa al niño para alejarse del ambiente tóxico. El niño también puede pedir permiso para ir a buscar un vaso de agua, y verá que estas interrupciones muchas veces contribuyen a tranquilizar la situación, al menos durante un tiempo.

Algunas madres entienden esta actitud y valoran al niño por cómo manejan la situación, y cuando están más tranquilas, idealizan al niño como bueno, en la mayoría de los casos. En otras ocasiones no lo hacen, y el niño tendrá entonces que aprender a identificar los indicios y desarrollar estrategias para evitar el abuso verbal que parece acercarse. Deberá hacerlo en el momento justo, a riesgo de ser acusado de dejarla hablando sola.

Excepto que el niño que aún depende de su progenitor se arme de valor para confiar en alguien más o pedir ayuda externa, esta parece la mejor opción. Si el niño pequeño se da cuenta de que salir de la habitación con una excusa cuando su madre está en un ataque de furia puede empeorar la situación, entonces, quizás deba buscar ayuda en el otro progenitor o en un tercero para requerir protección, y cuando esto falla, buscar ayuda externa. Tu primer kit de supervivencia es aprender a navegar las aguas de la furia y violencia de un padre mentalmente enfermo.

Pero este escenario también puede tener otro giro. Como la mayoría de las madres con TLP fueron criadas a su vez por una madre con TLP, probablemente también fueron sometidas a ataques de furia. Es muy interesante ver que, en algunos casos, si el niño reacciona de forma violenta, puede activar una transferencia de poder a las manos del pequeño, y hacer que la madre se someta y se sienta desprotegida como se sintió alguna vez de pequeña. Sin embargo, esta actitud lleva con más probabilidad al fracaso que al éxito.

Cuando la estrategia no da resultado

No muchos hijos de madre con TLP tienen la posibilidad de considerar la idea de encontrar una excusa para alejarse, porque saben que las consecuencias pueden ser devastadoras. Aún para muchos adultos, el miedo a la madre persiste con fuerza y conservan la visión de su madre como todopoderosa. En ese caso, el aspecto físico del abuso puede ser reemplazado por la manipulación por culpa, que tiene el mismo impacto.

En los casos en que el intento de alejarte puede enojar aún más a tu madre, puedes utilizar un acercamiento más sutil, en el que escuches lo que intenta decir. Prestar atención ayudará a calmarla y le hará sentir que la consideras lo suficientemente importante como para querer escucharla, algo que necesita con desesperación. Trata de no interrumpirla cuando habla, y cuando hay algo que necesite explicación, haz preguntas sencillas sin ser condescendiente.

Muéstrale que entiendes su preocupación y tienes en cuenta su opinión. Evita tratar de justificar tu posición; utiliza frases como "Entiendo lo que quieres decir, realmente". Estas validaciones actúan de forma mágica sobre ellas. Un niño, que no está a su altura, podrá decir por ejemplo "Esta bien, mamá, quizás no lo vi así pero ahora que lo explicaste, tiene sentido". De esta manera sencilla le hará saber que la escucha y que no solo entiende lo que dijo, sino que lo que dijo tiene sentido. Notará una gran diferencia si en vez de cerrarse mentalmente se limita a esperar pacientemente a que termine de hablar; servirá para masajear su ego y tal vez para ascender una vez más al estatus de niño bueno.

Conclusión

Controla tu progreso

El dolor que sienten los niños que crecen con una madre con TLP es real y puede durar toda la vida si no se trata de manera adecuada. Los hijos adultos de madres con TLP tienen que seguir los pasos delineados en este libro y llevar un diario que les ayude a llevar cuenta de su progreso en el camino a la recuperación.

En el apéndice de este libro encontrarás un cuaderno de ejercicios muy sencillo que te ayudará a registrar los pasos que das en el camino a curar los distintos síntomas asociados a los hijos adultos de madres con TLP.

Apéndice

Cuaderno de ejercicios

Cómo reconstruir tu autoestima

La autoestima es una parte integral de la salud mental de cada individuo. Cuando se pierde, la persona va a ir por la vida sin identidad propia. Si como consecuencia de crecer con una madre que tiene TLP ahora tienes la autoestima baja, hay algunas cosas simples que puedes hacer para construir y potenciar tu autoestima, y desacelerar la caída anímica en la que puedes estar. Si sigues uno o la mayoría de estos pasos, comenzarás de inmediato a notar mejoras importantes en tu vida.

1. Haz una lista de dos columnas en la que anotarás tus fortalezas y tus logros. Intenta visualizarte, y escribe tus fortalezas y las cosas que has logrado en la vida. Una vez que hayas logrado plasmar en papel lo que consideras que es un reflejo acertado de qué, y quién eres, puedes hacer una lista de las personas y familiares a las que puedes recurrir (no tu madre, definitivamente) para que te ayuden y aconsejen sobre lo que ellos consideran objetivamente que son tus fortalezas, y si esas cosas que tú consideras logros merecen que te sientas orgulloso por haberlas logrado. Ten esta lista en un lugar seguro y accesible, para que puedas recurrir a ella con frecuencia.

Ejercicio: Estas son mis diez fortalezas y mis diez logros

i. ....
....
....

ii. ....
....
....

iii. ....
....
....

iv. ....
....
....

v. ....
....
....

vi. ....
....
....

vii. ....
....
....

viii. ....
....
....

ix. ....
....
....

x. ....
....
....

2. Trata de ser asertivo, intenta tener todo el tiempo posible pensamientos positivos sobre ti. Para un niño que ha crecido con una madre que constantemente se aseguraba de que te sintieras culpable y poco valioso. esto puede resultar difícil, pero puedes lograrlo. Intenta decirte esto, a pesar de los desafíos, eres único. También, entiende que muy pocas personas salen indemnes del trauma emocional que viviste con tu madre. Eso significa entonces, que no solo eres una persona especial y valiosa, sino que te has ganado el derecho a sentirte orgulloso de ti mismo.

Ejercicio: ¿Qué pensamientos positivos tuve, escuché o le dije a alguien hoy?

....
....
....

....
....
....

....
....
....

....
....
....

3. Identifica y elimina todos los pensamientos negativos que tienes de ti que te hacen sentir un perdedor que nunca logra nada, o que no eres bueno, y reemplázalos por afirmaciones positivas como "Soy bueno, solo necesito sentirme mejor".

   Ejercicio: ¿Qué pensamientos negativos tuve o escuché hoy que necesito eliminar?

....

....

....

....

....

....

....

....

....

....

....

....

4. Cuida tu higiene personal y esfuérzate por verte bien y cuidarte todo el tiempo. Date un baño, aféitate, cepilla tu cabello, limpia tus uñas y otras cosas de la higiene personal.
   Vístete bien, lleva ropa limpia que te hagan sentir cómodo y sentir la grandeza en tu interior. No necesitas vestimenta costosa, debes sentirte cómodo con ella. Cómprate un buen par de zapatos que te lleve por la vida como si tuvieras resortes en los pies.

Ejercicio: ¿Qué efecto tuvo la ropa que me puse hoy sobre mis sentimientos?

....
....
....

....
....
....

....
....
....

....
....
....

5. Aliméntate bien con una dieta saludable y balanceada. Cocina tú mismo tus alimentos, prueba recetas nuevas. No temas cometer errores cuando cocinas, mejorarás con el tiempo, que es de lo que se trata reconstruir tu autoestima. Puedes alternar cocinar con comer en restaurantes.

Ejercicio: ¿Qué tan apetitosa fue la comida que comí hoy? ¿Cómo me hizo sentir?

....
....
....

....
....
....

....
....
....

....
....
....

6. Ejercita de manera regular.
   Sal al exterior para hacer ejercicio. También puedes inscribirte en un gimnasio, para así conocer otras personas. Ejercicios como la caminata rápida, el aerobismo, saltar y hacer flexiones te harán sentir más saludable y mejorarán tu autoestima. Si puedes hacerlo como mínimo tres veces a la semana, será

genial. También puedes alternar el ejercicio ligero con el más intenso.

Ejercicio: ¿Cuántas horas de ejercicio hice hoy?

....

7. Asegúrate de dormir la cantidad de horas recomendada.

   Ejercicio: ¿Cuántas horas dormí ayer?

   ....

8. Comprométete de forma activa.

   Mantente activo en casa, tomate tiempo para limpiar el espacio en el que vives. Tira lo que no sirva y que ocupa lugar, y haz de tu habitación el lugar más atractivo y cómodo posible. Limpia las ventanas, riega las flores, planta un árbol, haz algo de jardinería. Pon a la vista elementos que te recuerden tus logros, puede ser fotos de momentos o personas especiales en tu vida.

Ejercicio: ¿Qué actividad realizaste para hacer de tu espacio vital un lugar despejado?

....

....

....

....

....

....

....

....

....

....

....

....

9. Mantente positivo

Piensa con frecuencia en las cosas positivas que te hacen feliz. Elimina las cosas negativas. Adelante, consiéntete de forma responsable. Haz cosas que disfrutas, en especial aquellas que no podías hacer cuando estabas bajo el control de tu madre. Actividades como viajar, pintar, bailar no solo te harán feliz, también reducirán tus niveles de estrés y te harán tomar conciencia del nivel de progreso que has alcanzado.

Ejercicio: ¿En qué medida las actividades en las que estoy involucrado me ayudan en mi jornada hacia la mejora de la autoestima?

…………………………………………………… …………………………………………………… …………

…………………………………………………… …………………………………………………… …………

…………………………………………………… …………………………………………………… …………

…………………………………………………… …………………………………………………… …………

Cosas que puedes hacer para eliminar tu sentimiento de culpa

Las personas que crecen en hogares donde la madre abusiva con TLP estaba siempre gritando, furiosa o acusándolos, se acostumbran desde pequeños a ser aplacados, pasivos y dependientes de sus padres dominantes. Por desgracia, estos padres los hacen sentir culpables de sus acciones como una forma de manipulación continua.

Para superar ese sentimiento de culpa y dejar de culparte por las acciones de tu madre, aquí hay algunas cosas que puedes hacer.

1. Esto puede parecer obvio, pero tienes que enfrentar el miedo a la indefensión. Imagina el peor escenario posible y piensa en todas las formas posibles de hacerle frente.
2. Determina qué tan real es la amenaza a tu seguridad física y si puede hacerte daño. Si decides que ella puede llegar a ese extremo, entonces, puedes buscar la ayuda de un abogado o de la policía.
3. Evalúa el daño que causó a otros miembros de tu familia.
4. Deja de culparte por sus acciones y permite que ella tome la responsabilidad de su propia vida. Debes estar preparado para los retrocesos y para la resistencia que ella va a oponer.

5. Muestra empatía, pero minimiza la compasión Establece y respeta límites claros en tus canales de comunicación y asegúrate de que los cumplas al establecer una conversación. Uno de ellos es que no debe haber gritos o ataques de furia por teléfono.
6. Debes entender además que ella no es capaz de comprender el impacto que tienen sus acciones sobre ti y los demás miembros de la familia.
7. Pide ayuda a otras personas que comprendan qué se siente haber vivido una vida de abusos constantes. Es probable que puedas obtener consejos de vida prácticos que han sido probados y han dado resultado en situaciones similares a la tuya.
8. Ten compasión de ti mismo. El daño que causa el abuso por parte de madres con TLP es enorme y es algo que no le desearías ni a tu peor enemigo. No te pongas en el papel de la víctima, pero tampoco seas tan duro contigo, has sufrido demasiado.

Algo más

Si disfrutaste leer este libro tanto como yo disfruté escribirlo, te agradeceré que lo califiques en la sección de comentarios.

Tu comentario puede ser muy útil para convencer a alguien que aún no está decidido.

Tu apoyo significa mucho para mí.

Si quieres hacer alguna sugerencia, puedes contactarme aquí -linsy@booksunhindered.com

También puedes escanear este código QR para unirte a nuestro grupo de seguidores.

O

Haga clic para unirse

Muchas gracias por tomarte el tiempo de leer este libro.

Linsy

www.ingramcontent.com/pod-product-compliance
Ingram Content Group UK Ltd.
Pitfield, Milton Keynes, MK11 3LW, UK
UKHW021656190726
13853UKWH00001B/305

9 788835 426073